やりきれるから自信がつく！

▶ 1日1枚の勉強で、学習習慣が定着！

◎ 目標時間に合わせ、無理のない量の問題数で構成されているので、「1日1枚」やりきることができます。

◎ 解説が丁寧なので、まだ学校で習っていない内容でも勉強を進めることができます。

▶ すべての学習の土台となる「基礎力」が身につく！

◎ スモールステップで構成され、1冊の中でも繰り返し練習していくので、確実に「基礎力」を身につけることができます。「基礎」が身につくことで、発展的な内容に進むことができるのです。

◎ 教科書の学習ポイントをおさえられ、言葉の力や表現力も身につけられます。

▶ 勉強管理アプリの活用で、楽しく勉強できる！

◎ 設定した勉強時間にアラームが鳴るので、学習習慣がし

◎ 時間や点数などを登録していくと、成績がグラフ化され、賞状をもらえたりするので、達成感を得られます。

◎ 勉強をがんばると、キャラクターとコミュニケーションを取ることができるので、日々のモチベーションが上がります。

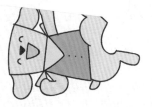

使い方

学研の毎日のドリル

① 1日1枚、集中して解きましょう。

◎ 1日1枚、表（おもて）と裏（うら）で1枚分です。

◎ 1回分は、1枚（表・裏）です。

目標時間を意識して使いましょう。

アプリのストップウォッチなどで、かかった時間を計ってみましょう。

・最後に、この本の内容を確認できる「まとめテスト」があります。

・「まとめテスト」で、この本の内容が身についたかを確認しましょう。

・習った内容を総復習できます。

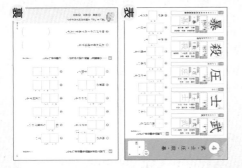

学習したら、赤（あか）で示した訓読み・音読みなどを読みましょう。（　）は小学校で習わない読みかたです。

② 答え合わせをしましょう。

・本（ほん）の最後に、「答え合わせアドバイス」があります。

・答え合わせをして、点数をつけましょう。

・アドバイスには、考え方や学習に役立つことがついています。

もんだいを解いたら、まるつけをしてね。

③ アプリに得点を登録しましょう。

・アプリに得点を登録すると、キャラクターが育ちます。

・勉強するとご褒美として、成績がグラフ化されます。

※本書では、一般的な教育用の数字字体を使用しています。お使いの教科書の数字と異なる場合がありますが、正しい字体です。

♪毎日のドリル♪ 勉強管理アプリ

「毎日のドリル」シリーズ専用、スマートフォン・タブレットで使える無料アプリです。1つのアプリでシリーズすべてを管理でき、学習習慣が楽しく身につきます。

1 「毎日のドリル」の学習を徹底サポート!

毎日の勉強タイムをお知らせする
[タイマー]

かかった時間を計る
[ストップウォッチ]

勉強した時間を記録する
[カレンダー]

入力した得点を一覧にする
[グラフ化]

2 キャラクターと楽しく学べる!

好きなキャラクターを選ぶことができます。勉強をがんばるとキャラクターが育ち、「ひみつ」や「ワザ」が増えます。

3 1冊終わると、ごほうびがもらえる!

ドリルが1冊終わるごとに、賞状やメダル、称号がもらえます。

これは やる気が でちゃうぜ!

4 漢字と英単語のゲームにチャレンジ!

ゲームで、どこでも手軽に、楽しく勉強できます。漢字は学年別、英単語はレベル別に構成されており、ドリルで勉強した内容の確認にもなります。

自己ベスト更新を目指そう!

アプリの無料ダウンロードはこちらから!
https://gakken-ep.jp/extra/maidori/

【推奨環境】
■各種Android端末：対応OS Android6.0以上
■各種iOS（iPadOS）端末：対応OS iOS10以上
※対応OSであっても、Intel CPU（x86 Atom）搭載の端末では正しく動作しない場合があります。
※対応OSや対応機種については、各ストアでご確認ください。
※お客様のネット環境および携帯端末によりアプリをご利用できない場合は、当社は責任を負いかねます。
また、事前の予告なく、サービスの提供を中止する場合があります。ご了承ください。
※お客様のネット環境および携帯端末によりアプリをご利用できない場合があります。ご了承ください。

永・久・旧・再

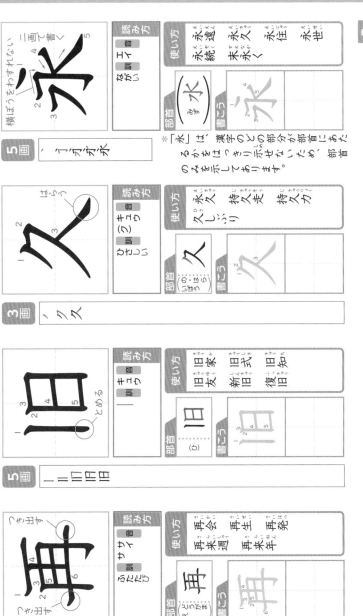

永
横ぼうをわすれない

読み方　音 エイ　訓 なが(い)
部首　氺（みず）
使い方　永遠　永続　永く　永住　永世

※「永」は、漢字のどの部分が部首にあたるかを示すための部首のみを示しております。

5画　丶 丅 疒 永 永

久
読み方　音 キュウ・ク　訓 ひさ(しい)
部首　丿（いのはら）
使い方　久しぶり　永久　持久　持久力

3画　丿 ク 久

旧
読み方　音 キュウ　訓 とめる
部首　日（ひ）
使い方　旧家　旧友　新旧　旧式　復旧　旧知

5画　｜ 丨 旧 旧 旧

再
読み方　音 サイ・サ　訓 ふたた(び)
部首　冂（えんがまえ）
使い方　再来　再会　再生　再来週　再来年　再発

6画　一 冂 冋 再 再 再

「永い」は、時間がいつまでも続くことを表すよ。

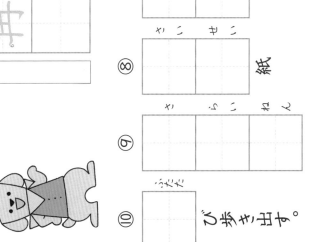

1 □に漢字を書きましょう。
[一つ4点/40点]

① えいえん の願い。

② えいきゅう に不変だ。

③ すえなが く お幸せに。

④ じきゅうりょく

⑤ ひさ しぶりの晴天だ。

⑥ きゅうち の間がら。

⑦ きゅうゆう と会う。

⑧ さいこせい 紙

⑨ さいらいねん

⑩ ふたた び歩み出す。

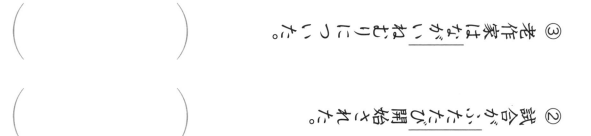

クイズ

画数が同じ漢字は、①永 ②旧 ③再 どれとどれかな？

① 永
② 旧
③ 再

---

3 ――の言葉を、漢字と送りがな（　）に書きなさい。

① 故郷をはなれてひさしい。
（　　　　　　）

② 試合がふたたび開始された。
（　　　　　　）

③ 老作家はながいねむりについた。
（　　　　　　）

1つ5点【15点】

---

2 □にあてはまる漢字を書きましょう。

① ［きん］［きゅう］ の電話。

③ 病気の ［かい］［ほ］。

⑤ ［えい］［せい］ 中立 国
※えいせいちゅうりつこく…ずっと中立を守ること。

⑦ 復 ［ふっ］［きゅう］ 工事
※ふっきゅうこうじ…元どおりになおすこと。

⑨ ［えい］［じゅう］ の地。

② ［　　］［　　］ をたもつ。

④ 活動を ［さい］［かい］ させる。
※さいかい…一度やめたことをもう一度すること。

⑥ ［　　］［　　］［　　］

⑧ ［　　］［　　］［　　］

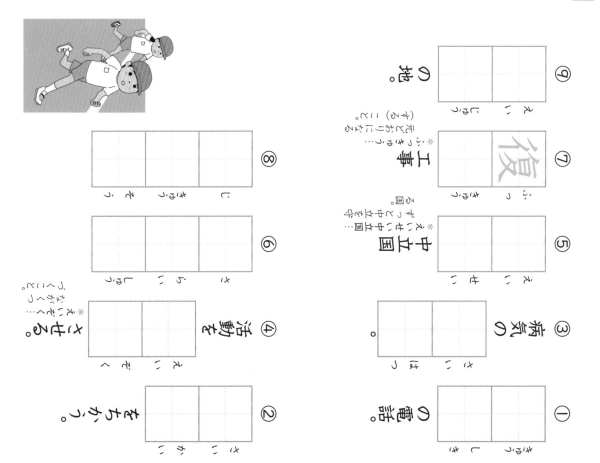

1つ5点【45点】

示

読み方　音 シ・ジ　訓 しめ-す

使い方　例示・指示・提示・指し示す・表示

部首（しめすへん）

書こう　示

5画　一 二 亍 亓 示

弁

読み方　音 ベン　訓 —

使い方　弁解・花弁・弁護士・答弁・熱弁・弁当

部首（にじゅうあし）

書こう　弁

5画　ム ム 台 弁 弁

序

読み方　音 ジョ　訓 はね-る

使い方　順序・序の口・序曲・序文・序章・序列

部首（まだれ）

書こう　序

7画　丶 亠 广 广 庐 序 序

容

読み方　音 ヨウ　訓 —

使い方　内容・容器・容量・容易・美容師・容易

部首（うかんむり）

書こう　容

10画　丶 宀 宀 宀 宏 灾 容 容 容 容

「弁」は、下の「开」の形に注意しよう。

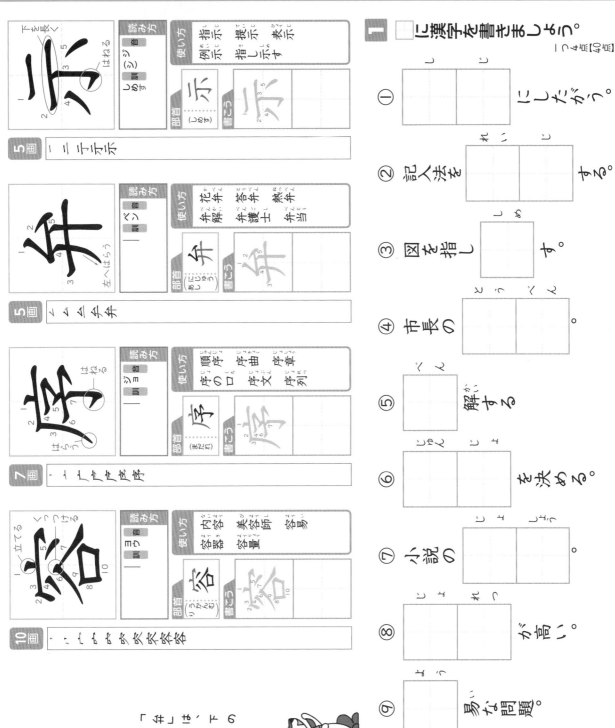

1 □に漢字を書きましょう。
一つ4点【40点】

① □□にしたがう。

② 記入法を □□ する。

③ 図を指し□す。

④ 市長の □□。

⑤ □解がする

⑥ □□を決める。

⑦ 小説の □□。

⑧ □□が高い。

⑨ □易な問題。

⑩ 水とうの □□。

クイズ
部首が同じ漢字はどれとどれかな？
① 答
② 合
③ 答

⑩の「こう」は、「口」の形がもとになったよ。物事が始まったりすることを意味するよ。

2 □にあてはまる漢字を書きましょう。

① 資料（しりょう）の見□□。

② □□（てじょれ）手功

③ 本の□□（しょてん）。

④ □□（しめし）がつかない。

⑤ □□（べんとう）を食べる。

⑥ □□師（じょし）

⑦ □□（なかよ）くおどる。

⑧ □□護士（べんごし）

⑨ □□（ねんり）がおもしろい。

⑩ □（こう）の口にすきな。

⑪ □□（ほうしん）を変える。

⑫ □□（しじ）方向をする。

⑬ □□（かがく）はらの。

⑭ □□（きょう）調味料の。

⑮ □□（せいじ）原料をする。

犯・罪・件・非・故

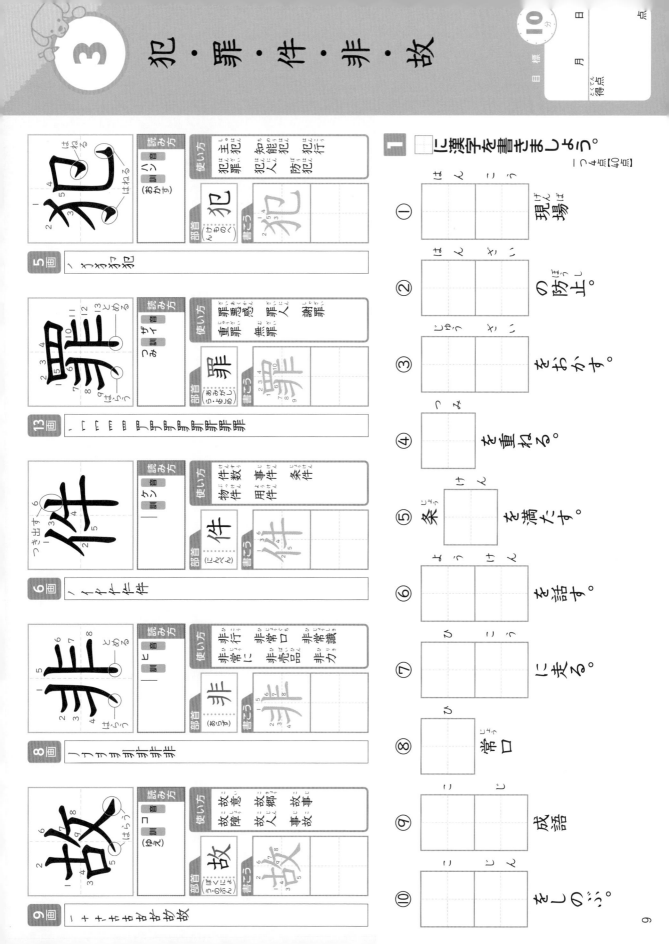

犯

読み方
音 ハン
訓 おかす

使い方
主犯　知能犯　犯行
犯罪　犯人　犯
　　　防犯

部首　けものへん（犭）

5画　ノ　ナ　オ　オ　犯

罪

読み方
音 ザイ
訓 つみ

使い方
重罪　無罪　罪人　謝罪
罪悪感　罪　罪人

部首　あみがしら（罒）

13画　丨　冂　冖　冖　罒　罗　罪　罪　罪　罪　罪　罪　罪

件

読み方
音 ケン
訓

使い方
物件　件数　事件　条件
件　用件

部首　にんべん（亻）

6画　ノ　亻　仁　仁　件　件

非

読み方
音 ヒ
訓

使い方
非常に　非行　非常口　非識
非売品　非力　非常識

部首　あらず（非）

8画　ノ　ナ　ナ　ヺ　非　非　非　非

故

読み方
音 コ
訓 ゆえ

使い方
故意　故障　故郷　故人　事故

部首　ぼくにょう（攵）・のぶん

9画　一　十　古　古　扩　扩　故　故　故

---

1 ☐に漢字を書きましょう。

一つ4点【40点】

① 現場 はん こう

② はん ざい の防止。

③ じゅう ざい をおかす。

④ つみ を重ねる。

⑤ 条件 じょう けん を満たす。

⑥ よう けん を話す。

⑦ ひ こう に走る。

⑧ 常 ひ 口

⑨ こ じ 成語

⑩ こ じん をしのぶ。

クイズ

① 「事□」と「理□」
② 「意□」と「故□」
③ 犯□の□

共通して入る漢字はどれかな？

---

2 □にあてはまる漢字を書きましょう。

１つ４点【60点】

① 駅の近くの□□。
（えき・ちか／こうじ）

② 関係者に謝□する。
（しゃ・い）

③ □□をかける。
＊ねんのため…だいじにいたらないように。

④ 郷に帰る。（きょう）□に帰る。

⑤ □□がわかる。

⑥ □□が起きる。

⑦ □□の判決。（はんけつ）

⑧ □能□の力。

⑨ 交通□□。

⑩ □□□。

⑪ 非常識□□。

⑫ わすれ物の□□。

⑬ 車が□する。（しょう）障する。

⑭ 防□□コントロール。

⑮ □□□□。

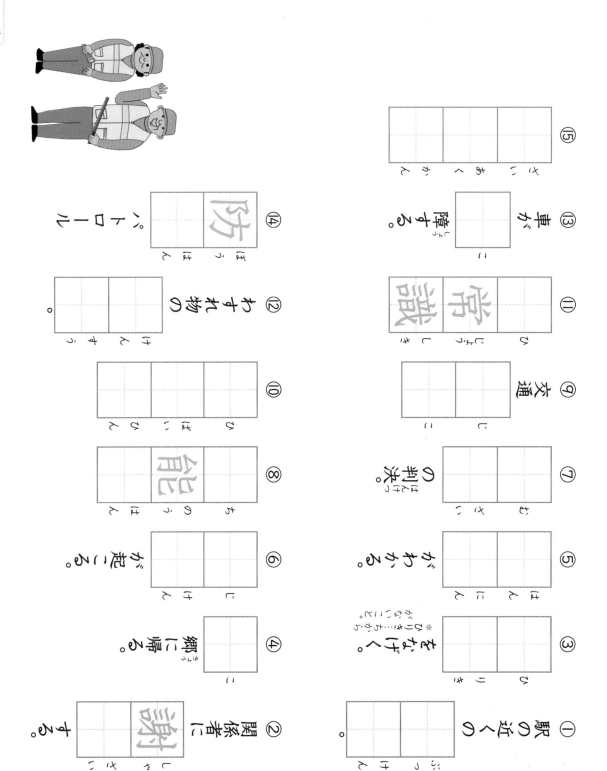

目標 10分　月　日　得点　点

武
読み方　音 ブ・ム　訓 ―
使い方　武術　武士　武器　武力　武者ぶり　武勇伝
部首 止（とめる）
8画　一 二 テ テ 正 武 武

士
読み方　音 シ　訓 ―
使い方　武士　名士　弁護士　運転士　兵士　武士道
部首 士（さむらい）
3画　一 十 士

圧
読み方　音 アツ　訓 ―
使い方　圧力　気圧　血圧　高圧　圧縮　重圧　水圧
部首 土（つち）
5画　一 厂 厈 圧 圧

殺
読み方　音 サツ・(サイ)・(セツ)　訓 ころ-す
使い方　殺気　殺害　暗殺　殺人犯　殺虫ざい　殺風景
部首 殳（るまた）
10画　ノ メ ヌ 并 米 来 系 剎 殺 殺

暴
読み方　音 ボウ・(バク)　訓 あば-く・あば-れる
使い方　暴言　暴食　暴風雨　暴力　乱暴　暴れ者　暴飲
部首 日（ひ）
15画　１ 冂 冃 日 旦 早 昦 昦 昦 昇 昇 暴 暴 暴 暴

1　□に漢字を書きましょう。
一つ4点【40点】

① ［ぶ］術にはげむ。

② ［む・し］□□る。

③ ［う・ん・て・し］□□□□

④ ［ぶ・し・どう］□□□

⑤ ［あ・つ・りょく］□□をかける。

⑥ ［け・つ・あ・つ］□□が高い。

⑦ ［さ・つ・き］□□を感じる。

⑧ 声を［ころ］□す。

⑨ ［ぼ・う・げ・ん］□□をはく。

⑩ 馬が［あ・ば］□れだす。

11

クイズ
「武」を「む」と読むのはどれかな？
① 武者　② 武力　③ 武士

3 ──の言葉を、漢字と送りがな（　）に書きましょう。【1つ12点】

① あばれ者を退治する。

（　　　　　　　）

② 物かげにかくれて息をひそめる。

（　　　　　　　）

2 □にあてはまる漢字を書きましょう。【1つ4点】

① 地元の　あ　し　。
＊「あし…足」「あし…脚」

② じょうき　の船。

③ ぶ　き　をすてる。

④ 乱らんぼうな言葉。

⑤ さ　ぎょう　をけいぞくする。

⑥ きけいな花。

⑦ じゅうだい　なあやまち。

⑧ ほうしん　に反対する。

⑨ 陸軍の　し　き　。

⑩ ぶ　じゅつ　てん。

⑪ かさ　いを防ふせぐ。

⑫ ほ　しゅ　こう　。

1 □にあてはまる漢字を書きましょう。　一つ4点【40点】

① ［ぶ］［りき］ を放出する。
＊放出…すてること。

② ［おや］［ぶん］ の身となる。

③ 別れてから［ひ］［さ］しい。

④ プラスチック［よう］［き］

⑤ 歌劇の［じょ］［きょく］。

⑥ ［り］［ひ］にまちがえる。
＊りひ…よしあし。

⑦ ［すい］［あつ］がかかる。

⑧ ［ひ］常に美しい。

⑨ ［か］［べん］が散る。

⑩ ［きっ］［ぷ］のだいきん。

2 ——の言葉を、漢字と送りがなで（　）に書きましょう。　一つ4点【12点】

① 多くの人に関心をしめす。　（　　　　　　　）

② あばれる馬をおさえる。　（　　　　　　　）

③ 息をころして、ようすを見る。　（　　　　　　　）

5 □に同じ読み方で意味のちがう漢字を書きましょう。　【1つ3点/18点】

① カ

- □験を受ける。
- □の土俵入り。
- □の名を書く。

② けん

- 医学の□究にはげむ。
- □康に気をつける。
- 事故の□数が減る。

4 □に部首が「日(ひ)」「日(ひへん)」の漢字を書きましょう。　【1つ3点/18点】

① 目の前が□くなる。

② とても美しい光□だ。

③ □話を聞く。

④ 新□のメンバーで話し合う。

⑤ □飲は体に悪い。

⑥ □和の時代。

3 ──の漢字の読みがなを書きましょう。　【1つ3点/12点】

①

- 再び先頭に立つ。
  （　　　）
- ミスの再発を防ぐ。
  （　　　）

②

- フランスに永住する。
  （　　　）
- 未来へよりよく。
  （　　　）

6 在・似・居・招・慣

目標 10分　月　日　得点　点

在
読み方　音 ザイ　訓 ある
使い方　自在に　現在　所在ない　在校生　在学　在庫　在り方
部首　土（つち）　書こう　在
6画　一ナ才右存在

似
読み方　音 ジ　訓 にる
使い方　空似　似合い　似顔絵
部首　イ（にんべん）　書こう　似
7画　ノイ们们似似

居
読み方　音 キョ　訓 いる
使い方　入居　居住　居間　転居　居間　長居　居
部首　尸（しかばね）　書こう　居
8画　フ ヲ 尸 尸 尸 居 居

招
読み方　音 ショウ　訓 まねく
使い方　招集　招待　手招き　招き
部首　扌（てへん）　書こう　招
8画　一 扌 打 打 招 招 招

慣
読み方　音 カン　訓 なれる・ならす
使い方　習慣　慣用句　不慣れ　慣用　慣例
部首　忄（りっしんべん）　書こう　慣
14画　・ ・ 忄 忄 忙 忙 慣 慣 慣 慣 慣 慣

1 □に漢字を書きましょう。
一つ4点【40点】

① [き] [こう] [せい] □□□

② 学級会の [あ] □り方。

③ [に] [お] □□のふう婦。

④ [に] [が] [お] [え] □□□□

⑤ [じゅう] [きょ] □□を移す。

⑥ [い] [ま] □□で休む。

⑦ [しょう] [たい] □□を受ける。

⑧ [まね] □き。

⑨ [かん] [れい] □□にしたがう。

⑩ [ふ] [な] □れ。

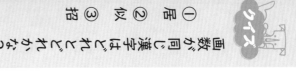
答え ▶ 105ページ

3 ──の言葉を、漢字と送りがな（　）に書きましょう。 1つ5点【15点】

③ 大きな公園が駅前にある。　（　　　　）

② 友達をパーティーにまねく。　（　　　　）

① 新しい生活になれる。　（　　　　）

2 □にあてはまる漢字を書きましょう。 1つ5点【45点】

⑨ 委員を［　　｜　　］する。
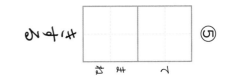

⑦ 友達の家に［　　｜　　］する。

⑤ ［　　｜　　］きる。

① 早起きの［　　｜　　］。
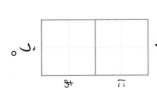

③ 自由の［　　｜　　］。

⑧ 和服が［　　｜　　］う。

⑥ ［　　｜　　］の品が増える。

④ 他人の［　　｜　　｜　　］。
＊他人…ほかの人。自分いがいの人。
顔つきなどがよくにていること。
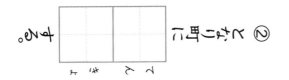

② となり町に［　　｜　　］する。

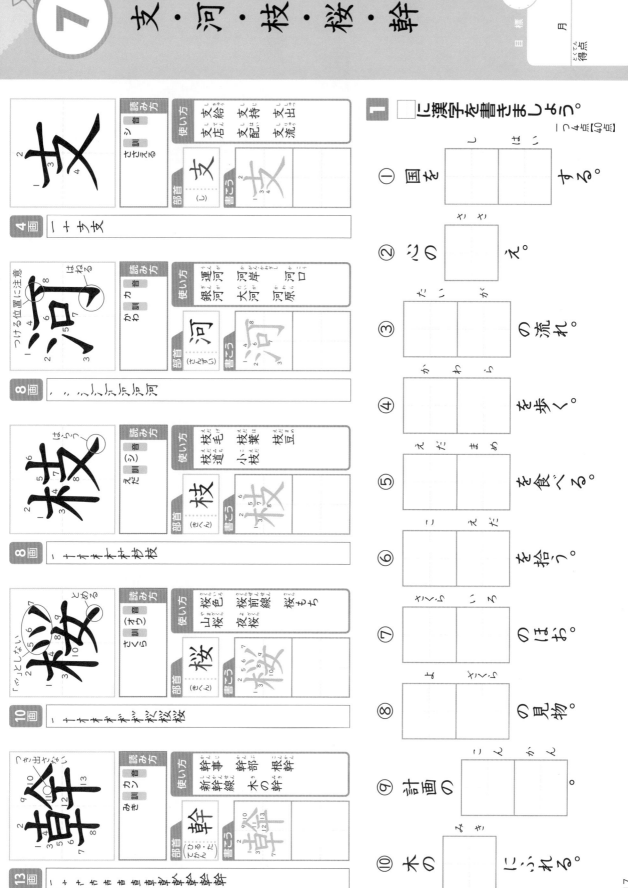

支
4画 一十ナ支

読み方
音 シ
訓 ささ（える）

使い方
支店
支配
支持
支流
支給
支出

部首 支（し）

河
つける位置に注意
8画 `ノ、ニシアア河河河`

読み方
音 カ
訓 かわ

使い方
銀河
運河
大河
河岸
河原
河口

部首 氵（さんずい）

枝
8画 一十オ木杉杉枝

読み方
音 シ
訓 えだ

使い方
枝道
枝毛
小枝
枝葉
枝豆

部首 木（きへん）

桜
「ツ」としない
10画 一十オ木杉杉杉桜桜桜

読み方
音 （オウ）
訓 さくら

使い方
山桜
夜桜
桜色
桜前線
桜もち

部首 木（きへん）

幹
つき出さない
13画 一十十古古古古草草卓卓幹幹

読み方
音 カン
訓 みき

使い方
新幹線
幹事
幹部
木の幹
幹線
根幹

部首 干（てひらた）

1 □に漢字を書きましょう。
一つ4点【40点】

① 国を ［し］［はい］ する。

② 心の ［ささ］ え。

③ ［たい］［が］ の流れ。

④ ［かわ］［ら］ を歩く。

⑤ ［えだ］［まめ］ を食べる。

⑥ ［こ］［えだ］ を拾う。

⑦ ［さくら］［いろ］ のはおり。

⑧ ［よ］［ざくら］ の見物。

⑨ 計画の ［こん］［かん］。

⑩ 木の ［みき］ にふれる。

17

クイズ

① 「豆」と「小」
② 枝
③ 話

の□に共通して入る漢字はどれかな？

⑫の「ごう」は「こう」とも読みます。

2 □にあてはまる漢字を書きましょう。 一つ4点【60点】

① 学費を □□ する。

② □□ に立つ。

③ □□ をちょう食べる。

④ □□ を切る。

⑤ □□ をながめる。

⑥ □□ がついている。

⑦ □□ に入る。

⑧ □□□

⑨ □□ が増える。

⑩ □□ をわたる。

⑪ 根と □。

⑫ □□ を得る。

⑬ □□ を落とす。

⑭ □□□

⑮ 会社の □□。

8　囲・団・独・個・属

囲
読み方　音 イ　訓 かこ（む）・かこ（う）
使い方　胸囲・包囲・同囲・囲み・取り囲む・囲む
部首　くにがまえ
7画　｜ 冂 冂 用 用 囲

団
読み方　音 ダン・（トン）　訓 ―
使い方　楽団・団子・集団・団体・団地・団結
部首　くにがまえ
6画　｜ 冂 冂 団 団 団

独
読み方　音 ドク　訓 ひと（り）
使い方　独身・独立・独夫り言・独特
部首　けものへん
9画　ノ 犭 犭 犭 扩 护 独 独 独

個
読み方　音 コ　訓 ―
使い方　個人・個展・個数・個性的・別個
部首　にんべん
10画　ノ イ 伫 佂 佂 佃 佪 個 個 個

属
読み方　音 ゾク　訓 ―
使い方　金属・所属・専属・配属・付属
部首　しかばね
12画　フ コ 尸 尸 尸 尸 居 居 居 属 属 属

1　□に漢字を書きましょう。
一つ4点【40点】

① 池の［しゅうい］。

② 取り［かこ］む

③ 花より［だんご］

④ ［だんち］に住む。

⑤ 兄は［ひとり］だ。

⑥ ［ひと］り言を言う。

⑦ ［こ］展を開く。

⑧ ［べつ］の話。

⑨ ［きんぞく］を加工する。

⑩ ［ふぞく］病院

クイズ

部首が同じ漢字はどれとどれかな？
①団　②寺　③囲

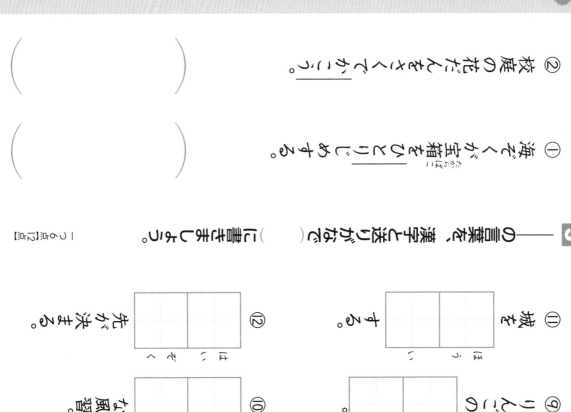

②　校庭の花だんをへいで_____。
（　　　　　　　　　）

①　海ぞくが宝箱を_____にする。
（　　　　　　　　　）

3 次の——の言葉を、漢字と送りがな（　）に書きましょう。　【1つ6点／12点】

⑪ □□を __ する。

⑨ □□のにわとり。

⑫ □□先が決まる。

⑩ □□な風習。

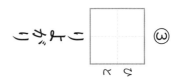

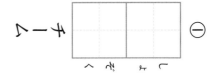

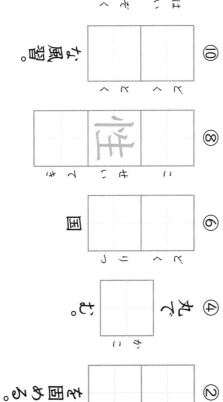

⑦ 胸□を測る。

⑤ □□登校

⑧ □性□

⑥ □□国

③ □□より

④ □で丸む。

① □□チーム

② □□を固める。

2 □にあてはまる漢字を書きましょう。　【1つ4点／48点】

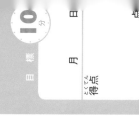

10分

目標

月　日

とくてん
得点　　点

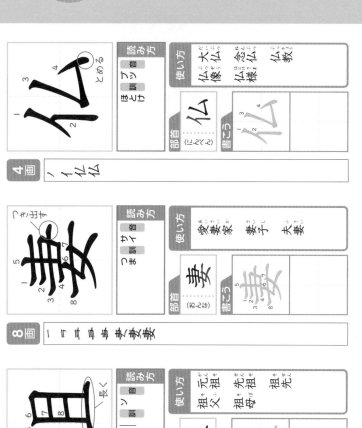

仏
4画　ノ　イ　仏　仏

妻
8画　一　コ　ヨ　ヨ　妻　妻　妻　妻

祖
9画　ノ　ラ　ネ　ネ　初　初　相　祖

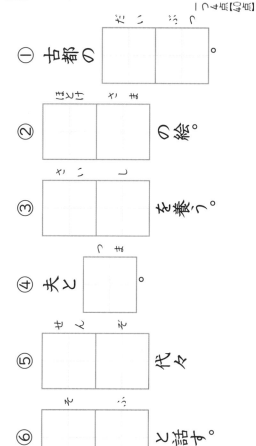

婦
11画　く　女　女　女'　妒　妒　焊　婦　婦

墓
13画　一　十　キ　甘　甘　苜　莫　莫　募　募　墓

1 □に漢字を書きましょう。
一つ4点【40点】

① 古都の 〔だいぶつ〕 。

② 〔ほとけ〕〔さま〕 の絵。

③ 〔さい〕〔し〕 を養う。

④ 夫と 〔つま〕 。

⑤ 〔せん〕〔ぞ〕 代々

⑥ 〔そ〕〔ふ〕 と話す。

⑦ 一家の 〔しゅ〕〔ふ〕 。

⑧ 〔ふ〕〔じん〕 服

⑨ 〔ぼ〕〔ち〕 へ行く。

⑩ 古い 〔はか〕〔いし〕 。

クイズ

「暮」の部首はどれかな？
① くさかんむり「艹」 ② 「日」 ③ 「土」

答え ● 106ページ

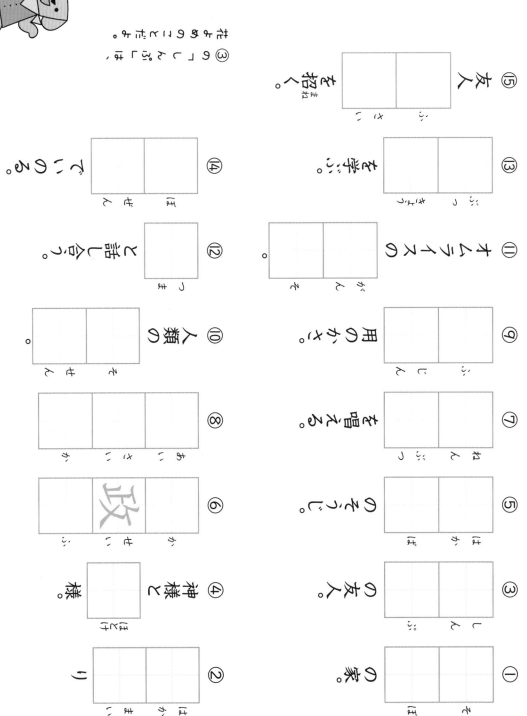

③の「くん」は、「ぼ」ではありません。読みのちがいに気をつけましょう。

2 □にあてはまる漢字を書きましょう。

一つ4点【50点】

1 □にあてはまる漢字を書きましょう。　1つ4点【40点】

① えだ みち
[　　|　　] が多い。

② かご
[　　] みをかつぐ。

③ しゅ ふ
[　　|　　] の仕事。

④ 野球部に しょ ぞく [　　|　　] する。

⑤ そ ぼ
[　　|　　] は元気だ。

⑥ がく だん
[　　|　　] の演奏を聞く。

⑦ 現げん ざい [　　] の気温。

⑧ か こう
[　　|　　] で魚をつる。

⑨ やま ざくら
[　　|　　] がさく。

⑩ どく そう
[　　|　　] 態勢になる。

2 ——の言葉を、漢字と送りがなで（　）に書きましょう。　1つ4点【12点】

① たおれてきた板をささえる。
（　　　　　　）

② 妹は、台所にいる。
（　　　　　　）

③ 父と兄の動作がにる。
（　　　　　　）

5 □に同じ読み方で意味のちがう漢字を書きましょう。 1つ3点【18点】

①
- 勉強の習□。（かん）
- 日□□の□察。（かん）
- 事を□める。（かん）

②
- 日□。時間が長い。（ちょう）
- 夕食に□。招かれる。（しょう）
- 合□。コンクールに出る。（しょう）

4 部首が「イ（にんべん）」の漢字を書きましょう。 1つ3点【18点】

① 用□を説明する。（けん）
② 絵を□く。（かく）
③ □問題を解く。（れい）
④ 箱の□面。（そく）
⑤ □人で参加する。（に）
⑥ □様に手を合わせる。（ほとけ）

3 ──の漢字の読みがなを書きましょう。 1つ3点【12点】

①
- 休日は親子として過ごす。（　　）
- 妻と夫として出かける。（　　）

②
- 広い墓地を散歩する。（　　）
- 母と墓参りをする。（　　）

許
つき出さない

読み方 音 キョ／訓 ゆるす
使い方 許可　許容　特許
部首 言（ごんべん）
書こう 許
11画　`一 二 言 言 言 訓 許 許`

可
つける位置に注意　はねる

読み方 音 カ／訓 ―
使い方 許可　可決　不可能　可否
部首 口（くち）
書こう 可
5画　`一 一 口 口 可`

能
はねる　とめる

読み方 音 ノウ／訓 ―
使い方 才能　能力　不可能　知能　能率　本能
部首 肉（にくづき）
書こう 能
10画　`ム 自 自 自 自 能 能 能`

破
左下へ　やぶる　やぶれる　はらう

読み方 音 ハ／訓 やぶる　やぶれる
使い方 破産　走破　型破り　打破　破片
部首 石（いしへん）
書こう 破
10画　`一 ナ 石 石 矿 矿 砂 破`

救
われ　はねる

読み方 音 キュウ／訓 すくう
使い方 救助　救急車　救命　救護　救出
部首 攵（ぼくづくり）
書こう 救
11画　`一 十 寸 才 才 求 求 救 救`

---

1 □に漢字を書きましょう。

一つ4点【40点】

① ［きょ・か］ のはん囲だ。

② 失敗を［ゆる］す。

③ ［か・の・う］性。

④ ［きょ・か］を得る。

⑤ ［ふ・か・の・う］。

⑥ 動物の［ほん・のう］。

⑦ てきを［だ・は］する。

⑧ 全コースを［そう・は］する。

⑨ ［きゅう・きゅう・しゃ］。

⑩ 命を［すく］う。

❸ ──の言葉を、漢字と送りがな（　）に書きましょう。 1つ5点【15点】

① 大会記録を ＿＿＿＿。　（　　　　　）

② 罪を ＿＿＿＿。　（　　　　　）

③ お＿れた字を ＿＿＿＿。　（　　　　　）

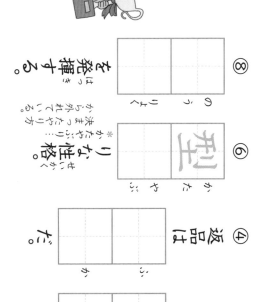

❷ □にあてはまる漢字を書きましょう。 1つ5点【45点】

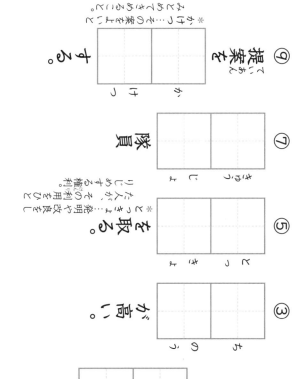

⑨ 提案を ［か］［けつ］する。
　＊けっていすること…きめてとおすこと。

⑦ 隊員 ［はた］［いん］

⑤ ［とっ］［きょ］を取る。
　＊とっきょ…はつめいやくふうをした人にあたえる権利や利用する権利。

③ ［ち］［のう］が高い。

① け［が］の人の［き］［けん］。

⑧ ［こ］［せい］を発揮する。
　＊せいかく…もちまえの…せいしつ。

⑥ 型［かた］［やぶ］りな性格。
　＊かたやぶり…きまりや決まった形から外れたこと。

④ 返品は ［こと］［わ］りだ。

② 入国を ［きょ］［か］する。

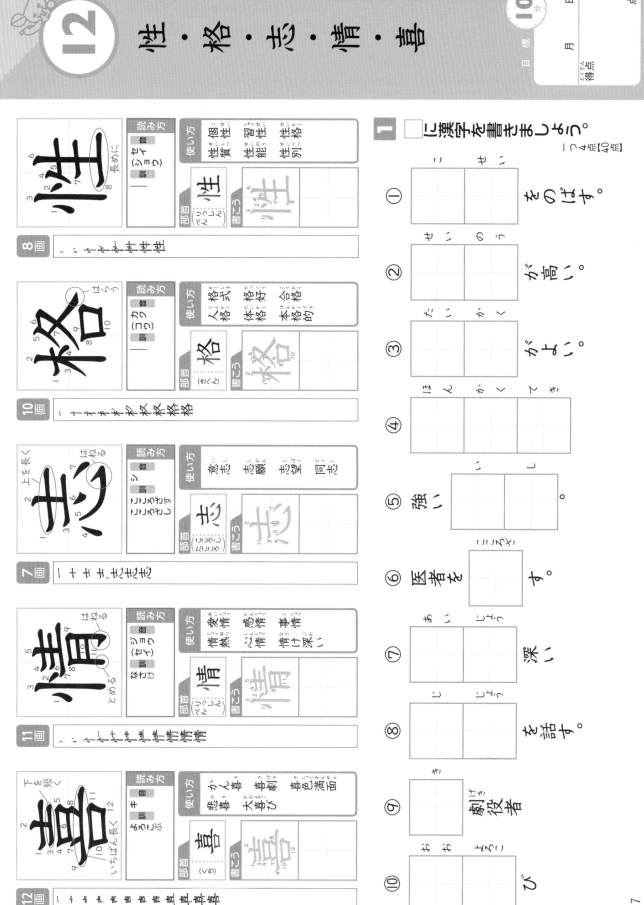

12　性・格・志・情・喜

性（8画）
読み方　音（セイ・ショウ）　訓（なし）
使い方　個性・性質・習性・性能・性格・性格列
部首　りっしんべん
書こう　性
筆順　`丶 忄 忄 忄 忤 忤 性`

格（10画）
読み方　音（カク・コウ）　訓（なし）
使い方　人格・合格・格式・格好・体格・本格的
部首　きへん
書こう　格
筆順　`一 十 才 木 杦 杦 杦 杦 格 格`

志（7画）
読み方　音（シ）　訓（こころざす・こころざし）
使い方　意志・志願・志望・同志
部首　こころ・したごころ
書こう　志
筆順　`一 十 士 志 志 志 志`

情（11画）
読み方　音（ジョウ・セイ）　訓（なさけ）
使い方　愛情・感情・情熱・事情・情け深い
部首　りっしんべん
書こう　情
筆順　`丶 忄 忄 忄 忄 忟 忰 情 情 情 情`

喜（12画）
読み方　音（キ）　訓（よろこぶ）
使い方　悲喜・大喜び・喜劇・喜色満面
部首　くち
書こう　喜
筆順　`一 十 十 吉 吉 吉 吉 咅 咅 喜 喜 喜`

1 □に漢字を書きましょう。
〔一つ4点【40点】〕

① □に漢字を書きましょう。　いせい をのばす。

② せいのう が高い。

③ たいかく がよい。

④ ほんかくてき

⑤ 強い □し。

⑥ 医者を こころざす。

⑦ あいじょう 深い。

⑧ じじょう を話す。

⑨ き劇げ役者

⑩ おお よろこび

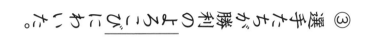

クイズ
① 念
② 売
③ 志
部首が同じ漢字はどれとどれかな？

③ 選手たちが勝利のよろこびにわいた。

（　　　　　）

② 勉強して科学者をこころざす。

（　　　　　）

① 人になさけをかける。

（　　　　　）

3 ——の言葉を、漢字と送りがな（　）に書きましょう。 〔1つ5点〕

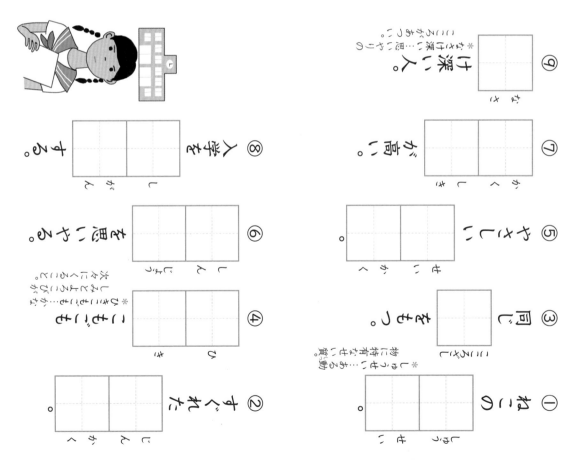

⑨ □□深い人。
＊思いやりのある心。

⑦ □が高い。

⑤ やさ□□。

③ 同じ□□をもつ。
＊物などに特有にある性質・動き

① ねこの□□。

⑧ 入学を□□する。

⑥ □□を□□に話す。

④ □□□。
＊物ごとがうまくいくように、みぎひだりに動かすわざ。

② すべ□。

2 □にあてはまる漢字を書きましょう。 〔1つ5点〕【45点】

因・仮・効・解・確

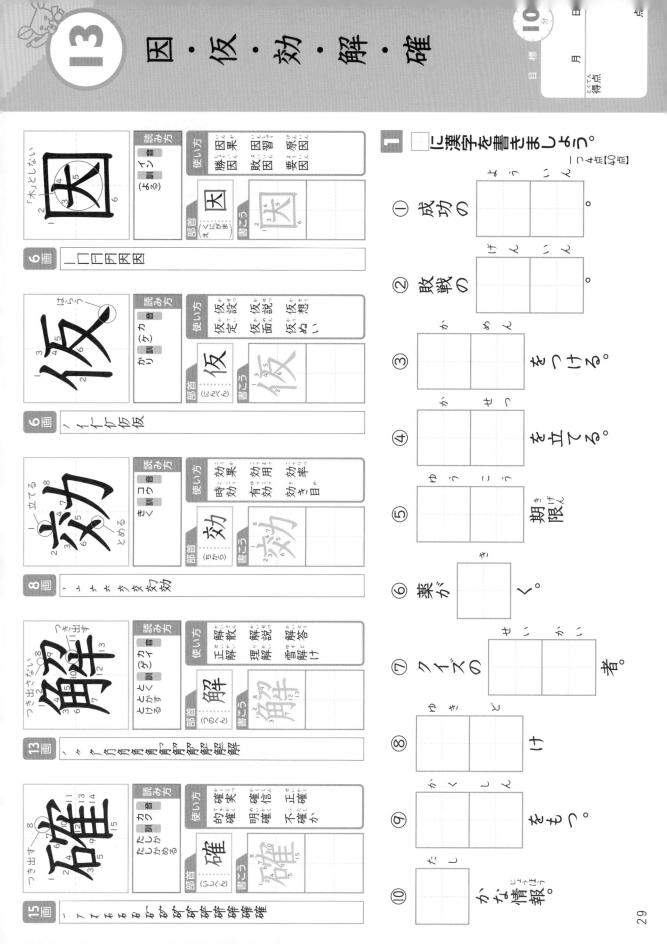

因

「○」としない

読み方　音 イン　訓（よ（る））

使い方　勝因　原因習　因果　敗因　因習　要因

部首（くにがまえ）

6画　丨 冂 冂 因 因 因

仮

はらう

読み方　音 カ（ケ）　訓 かり

使い方　仮定　仮設　仮面　仮説　仮り　仮想

部首（にんべん）

6画　丿 亻 仁 仮 仮

効

立てる　とめる

読み方　音 コウ　訓 き（く）

使い方　時効　効果　有効　効用　効き目　効率

部首（ちから）

8画　一 亠 ナ 交 交 効 効

解

つき出さない　つき出す

読み方　音 カイ（ゲ）　訓 と（く）・と（かす）・と（ける）

使い方　正解　解散　理解　解説　雪解け　解答　解け

部首（つのへん）

13画　丿 ⺈ 勺 角 角 角 角 角 解 解 解 解 解

確

つき出す

読み方　音 カク　訓 たし（か）・たし（かめる）

使い方　的確　確実　明確　確信　正確　不確か

部首（いしへん）

15画　一 ア 丆 石 石 矿 矿 矿 矿 矿 硚 硚 確 確 確

---

1 □に漢字を書きましょう。
一つ4点【40点】

① 成功の [　｜　] 。（よう｜いん）

② 敗戦の [　｜　] 。（げん｜いん）

③ [　｜　] をつける。（か｜めん）

④ [　｜　] を立てる。（か｜せつ）

⑤ [　｜　] 期限（ゆう｜こう）

⑥ 薬が [　] く。（き）

⑦ クイズの [　｜　] 者。（せい｜かい）

⑧ [　｜　] け（ゆき｜ど）

⑨ [　｜　] をもつ。（かく｜しん）

⑩ [　] かな情報。（たし｜じょうほう）

29

クイズ
① 仮
② 困
③ 可
画数が同じ漢字は、どれとどれかな？
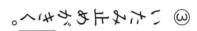

③ にもつを止めたトラックが□へ。
（　　　　　　　）

② 正しい答えをたしかめる。
（　　　　　　　）

① ようやく問題がとける。
（　　　　　　　）

3 ──の言葉を、漢字と送りがな（　）に書きましょう。
【1つ5点／15点】

⑨ ドレスの□□。
*かりぬい…布をぬって洋服に仕立てる前に、簡単に仮に合わせてみること。
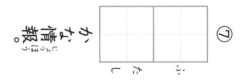

⑦ □□な情報。
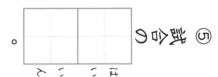

⑤ 試合の□□□。
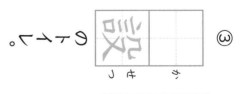

③ □□の説。
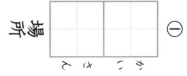

① □□場所。

⑧ □□を得る。
*こうきとうらい…過ぎてしまうと、ふたたび得る（得るのがむずかしい）一定の期間。ちょうどよい時期。こと権利が。

⑥ □□の成立。
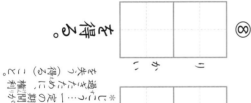

④ □□□関係。
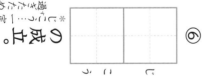

② □□な判断。
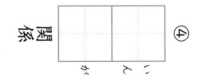

2 □にあてはまる漢字を書きましょう。
【1つ5点／45点】

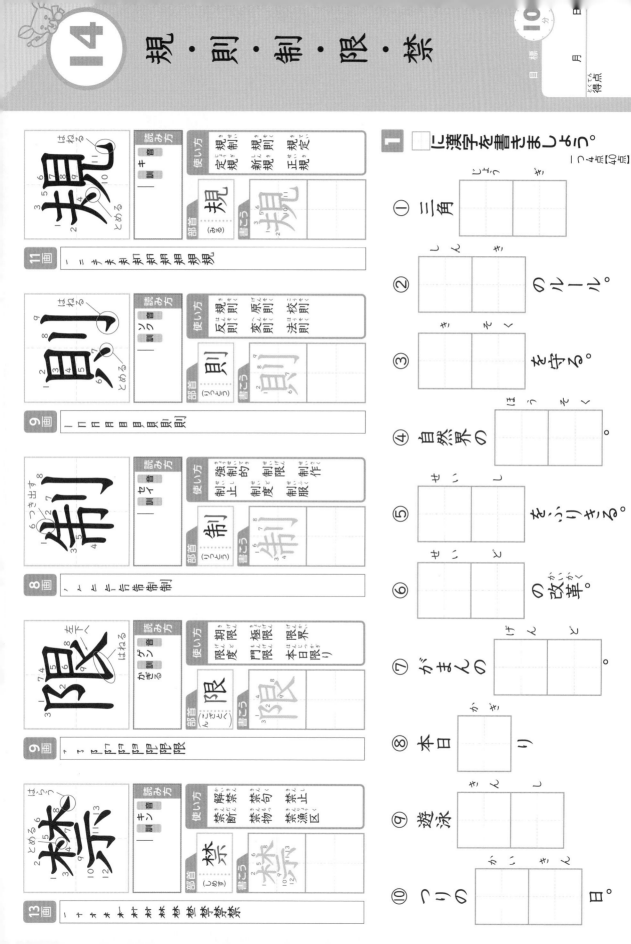

規

読み方
音 キ
訓

使い方
定規 規定
規制
新規 規則
正規 規定

部首 見（みる）

書こう 規

11画 一 二 チ 夫 刟 刟 扫 担 規 規

則

読み方
音 ソク
訓

使い方
反則 校則
変則 原則
法則 規則

部首 貝（りっとう）

書こう 則

9画 一 冂 冂 月 貝 貝 則

制

読み方
音 セイ
訓

使い方
強制 制的
制止 制限
制度 制作
制服

部首 刂（りっとう）

書こう 制

8画 ノ 二 二 午 旨 制 制 制

限

読み方
音 ゲン
訓 かぎる

使い方
期限 限度
門限 極限
本日限り 限界

部首 阝（こざとへん）

書こう 限

9画 フ 了 阝 阝 阝 阢 阴 限 限

禁

読み方
音 キン
訓

使い方
解禁 禁句 禁止
禁断 禁物 禁漁区

部首 示（しめす）

書こう 禁

13画 一 十 才 木 村 村 林 林 埜 梵 梵 禁

---

1 □に漢字を書きましょう。
一つ4点【40点】

① 三角 [じょう] [ぎ]

② [し] [き] のルール。

③ [き] [そく] を守る。

④ 自然界の [ほう] [そく] 。

⑤ [せい] [し] をふりきる。

⑥ [せい] [ど] の改革。

⑦ がまんの [げん] [ど] 。

⑧ 本日 [かぎ] り。

⑨ 遊泳 [きん] [し] 。

⑩ つりの [かい] [きん] 日。

クイズ

「禁」の部首はどれかな？
① 「キ」
② 「木」
③ 「示」
④ 「ネ」

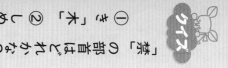

2 □にあてはまる漢字を書きましょう。

一つ4点【60点】

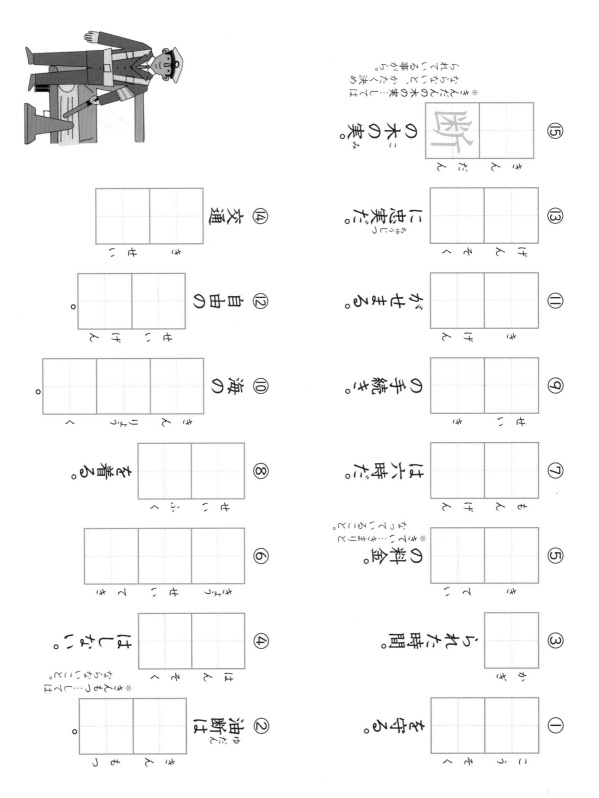

① □□（こうつう）を守る。

② 油□（ゆだん）は□□（きんもつ）。
※「きんもつ」とは…やってはいけないこと。

③ □（かぎ）られた時間。

④ □□（はんだん）はむずかしい。

⑤ □□（きって）の料金。
※「きって」とは…はがきなどにはる、お金のかわりになるもの。

⑥ □□□（けいさつかん）

⑦ □（きん）□□（えんだん）は六時だ。

⑧ □□□（せいふく）を着る。

⑨ □□（せつじ）の手続き。

⑩ 海の□□□（きんえん）

⑪ □□（きんし）がせまる。

⑫ 自由の□□（じょげん）。

⑬ □□□（けんぞく）に忠実だ。

⑭ 交通□□（きせい）

⑮ □（きん）□（だん）の木の実。
※「きんだん」とは…食べたりとったりすることを決めてあること。
□□（きんだん）の木の実。

15 かくにんテスト③

1 □にあてはまる漢字を書きましょう。　一つ4点【40点】

① ［さ こ の う］ □□ がある。

② 歌手 ［し ほ う］ □□ の女子。

③ ［こ う か］ □□ をためす。

④ 法案が ［か け つ］ □□ される。

⑤ 海水浴の ［か い き ん］ □□ 。

⑥ ［け ん そ］ □□ は曲げない。

⑦ 外出の ［き ょ か］ □□ 。

⑧ ［こ う か く］ □□ を祝う。

⑨ ［か く じ つ］ □□ な方法。

⑩ 音楽に ［し ょ う ね つ］ □□ をもつ。

2 ──の言葉を、漢字と送りがなで（　）に書きましょう。　一つ4点【12点】

① 参加できる人数を かぎる。　（　　　　　　　）

② 難問を とく。　（　　　　　　　）

③ タオルが やぶれる。　（　　　　　　　）

5 □に同じ読み方で意味のちがう漢字を書きましょう。 【1つ3点】[18点]

①
き □国をあげる。
き 新□開店する。
き □色満面の顔。
 ※き色満面…喜びが顔に満ちあふれているようす。

②
せい 失敗を反□する。
せい 総画の□作にはげむ。
せい □別は問わない。

4 □に部首が「口」(くにがまえ)になるように、[ ]の漢字を書きましょう。 【1つ3点】[18点]

① か □勝□い を分せする。

③ か □に約束をする。

⑤ か 友人に□かれる。

② えん 公□で遊ぶ。

④ だん 体□旅行。

⑥ ず 地□を見る。

3 ——の漢字の読みがなを書きましょう。 【1つ3点】[12点]

①
友達の言葉に救われる。 （　　　）
おぼれている者の救助。 （　　　）

②
仮の住まい。 （　　　）
仮定の話をする。 （　　　）

34

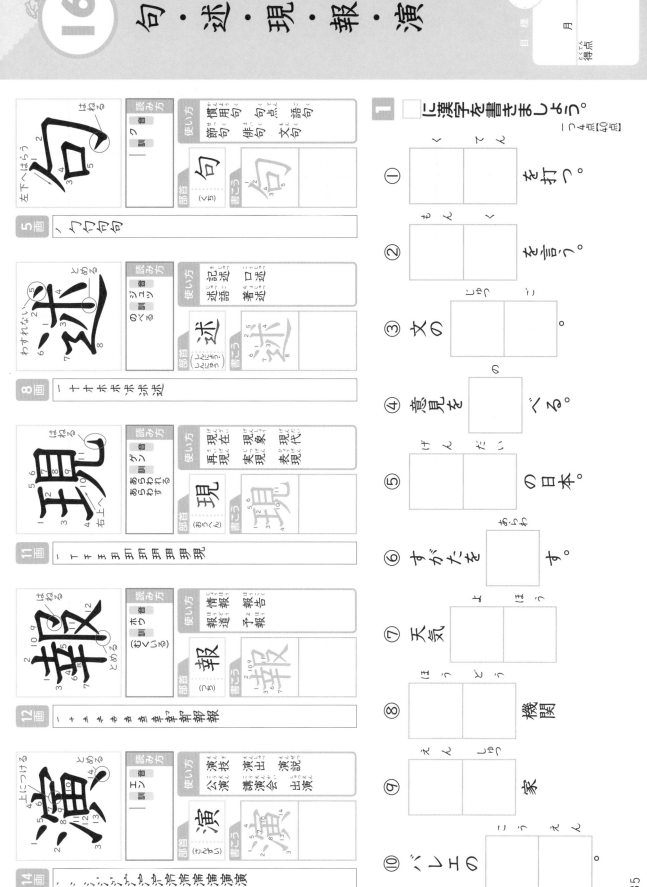

16　句・述・現・報・演

句

左下へはらう
はねる

読み方	
音	ク
訓	

使い方
慣用句
節句
俳句
文句
句点
語句

部首（くち）

5画　ノ　勹　勺　句　句

述

わすれない
とめる

読み方	
音	ジュツ
訓	のべる

使い方
記述
述語
口述
著述

部首（しんにょう・しんにゅう）

8画　一　十　才　朮　朮　沭　沭　述

現

はねる

読み方	
音	ゲン
訓	あらわれる・あらわす

使い方
再現
現在
現象
現代
実現
表現

部首（おうへん）

11画　一　T　干　王　珇　珇　珇　珇　珇　現　現

報

はねる
とめる

読み方	
音	ホウ
訓	（むくいる）

使い方
報道
情報
報告
予報

部首（つち）

12画　一　十　土　キ　去　幸　幸　郣　郣　報　報

演

上につける
とめる

読み方	
音	エン
訓	

使い方
公演
講演会
演技
出演
演出
演説

部首（さんずい）

14画　氵　氵　氵　氵　泸　泸　泸　淕　淕　渖　渖　演　演　演

---

1 □に漢字を書きましょう。

一つ4点【40点】

① □□（く・てん）を打つ。

② □□（も・ん・く）を言う。

③ 文の□□（じゅ・ご）。

④ 意見を□（の）べる。

⑤ □□（げん・だい）の日本。

⑥ すがたを□（あらわ）す。

⑦ 天気□□（よ・ほう）。

⑧ □□（ほう・どう）機関。

⑨ □□（えん・しゅう）家。

⑩ バレエの□□（こう・えん）。

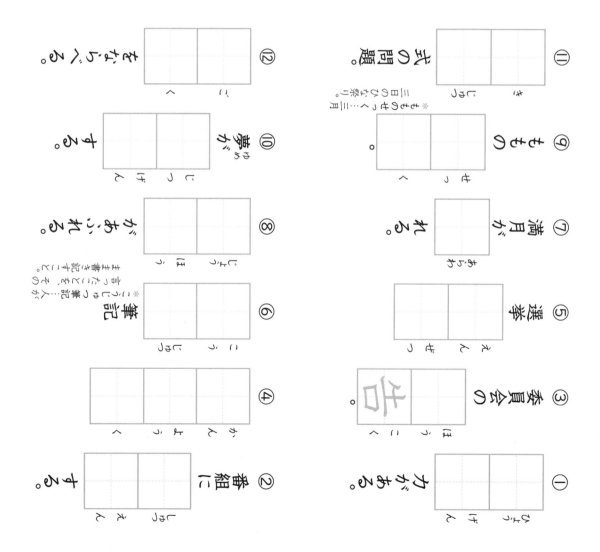

①「再」と「度」
②「時」「代」
③「現」の□
□に共通して入る漢字はどれかな？

答え ▶ 107ページ

３ ——の言葉を、漢字と送りがな（　）に書きましょう。 1もん12点【全2問】

② 学級会で反対意見をのべる。（　　　　　）

① ていねいに正体をあらわす。（　　　　　）

２ □にあてはまる漢字を書きましょう。 1〜4問【48点】

⑫ □□をならべる。

⑪ □□の問題。
※二つで一組…三日月・満月など。

⑩ 夢が□□する。

⑨ □□もの。

⑧ □□があばかれる。
※「筆記」の筆記…書き記すこと。しるすこと。

⑦ 満月が□あらわれる。

⑥ 筆□□。

⑤ □□選挙

④ □□□する。

③ 委員会の生。

② 番組に□える。

① □□力がある。

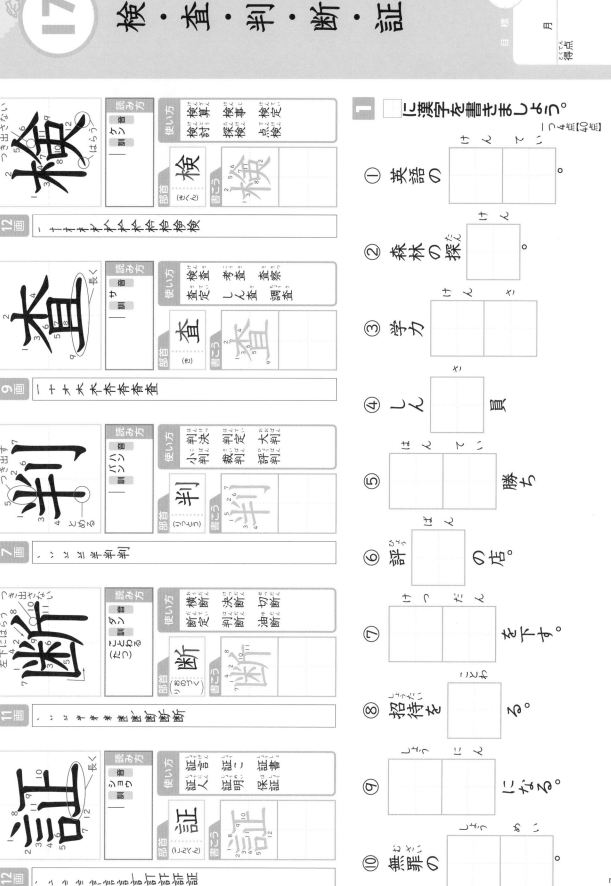

検

読み方
音 ケン
訓 ─

使い方
検算
検討　検事
点検　検定
探検　検査

部首　木（きへん）

12画　一 十 オ 木 朴 朴 杧 検 検 検

査

読み方
音 サ
訓 ─

使い方
検査　考査　査察
査定　しん査　調査

部首　木（き）

9画　一 十 ナ 木 杏 杏 杏 査

判

読み方
音 ハン・バン
訓 ─

使い方
小判　判決
裁判　判定
評判　大判

部首　刀（りっとう）

7画　' ' ' ' 半 判 判

断

読み方
音 ダン
訓 た（つ）・ことわ（る）

使い方
断定　横断　決断
判断　油断　切断

部首　斤（おのづくり）

11画　' ' ' ' ' 米 米 断 断 断

証

読み方
音 ショウ
訓 ─

使い方
証人　証言　保証
証明　証書

部首　言（ごんべん）

12画　' ' ' ' ' ' ' 言 証 証 証 証

1 □に漢字を書きましょう。

一つ4点【40点】

① 英語の □□ 。

② 森林の探 □ 。

③ 学力 □□ 。

④ □ 員

⑤ □□ 勝ち

⑥ 評 □ の店。

⑦ □□ を下す。

⑧ 招待を □ る。

⑨ □□ になる。

⑩ 無罪の □□ 。

クイズ
「検」の部首はどれかな？
① きへん ② のぎへん ③ くちへん「口」

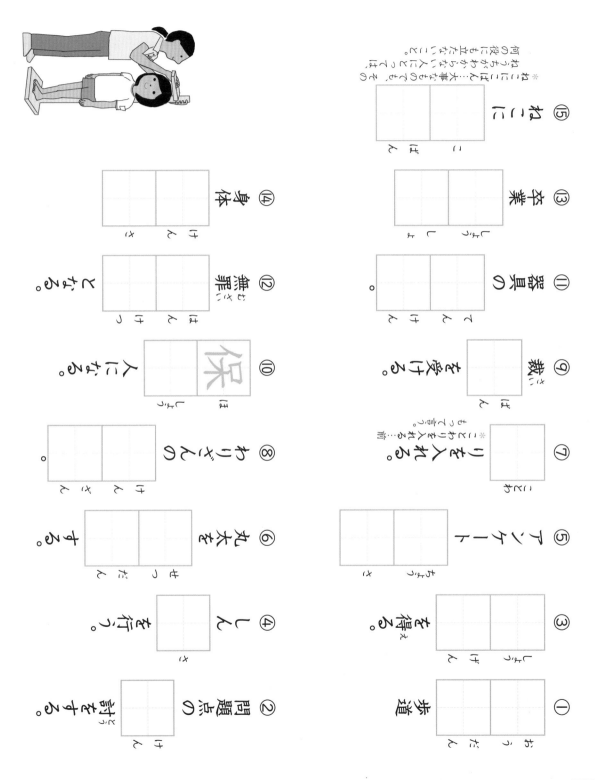

2 □にあてはまる漢字を書きましょう。　1つ4点【60点】

① □□歩道
（おう だん）

② 問題点の □□ をする
（けん とう）

③ □□□を得る
（しょう にん）

④ □□しんを行う
（し）

⑤ □□□ート
（ちょう めん）

⑥ 丸太を □□ だ□する
（せん たん）

⑦ □□りを入れる
（わい）
＊いりかえて言うこと。…をいり入れる前。

⑧ □□□ わりの
（けん が ん）

⑨ 裁□□を受ける
（ばん）

⑩ 保□□に入れなる
（しょう）

⑪ 器具の □□□
（てん けん）

⑫ 無罪 □□□ となる
（はん けつ）

⑬ 卒業 □□□
（しょう しょ）

⑭ 身体 □□□
（けん さ）

⑮ ねいに □□
（ね い）
＊ねいに…ていねいに。何のちがいにもかかわらず大事にとりあつかうこと。その役のうちにもわかにたたないことのたとえに。

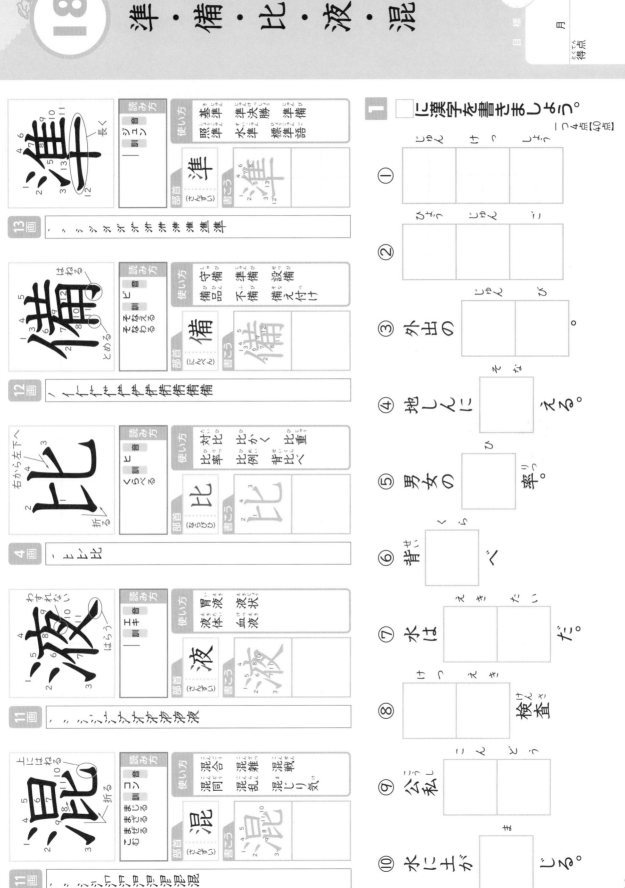

準・備・比・液・混

準
13画
読み方　音 ジュン　訓 —
使い方　基準／照準／準決勝／水準／標準／準語／準備
部首（さんずい）
書きじゅん　準
`` ` シ 汁 汁 沖 沖 淮 淮 進 進 準

備
12画
読み方　音 ビ　訓 そなえる／そなわる
使い方　守備／備品／不備／準備／備え付け／設備
部首（にんべん）
書きじゅん　備
ノ 亻 亻 伊 併 併 備 備 備 備

比
4画
読み方　音 ヒ　訓 くらべる
使い方　対比／比率／比例／比か／背比べ／比重
部首（ならびひ）
書きじゅん　比
一 ヒ 比 比

液
11画
読み方　音 エキ　訓 —
使い方　液体／胃液／血液／液状／液
部首（さんずい）
書きじゅん　液
` ` シ 沪 汁 汁 沪 液 液 液

混
11画
読み方　音 コン　訓 まじる／まざる／まぜる／こむ
使い方　混同／混合／混乱／混雑／混じり気／混戦
部首（さんずい）
書きじゅん　混
` ` シ 沪 沪 沪 沪 沢 混 混 混

1 □に漢字を書きましょう。

一つ4点【40点】

① じゅん　けっ　しょう

② ひょう　じゅん　ご

③ 外出の じゅん　び 。

④ 地しんに そな える。

⑤ 男女の ひ 率。

⑥ 背 くら べ

⑦ 水は えき　たい だ。

⑧ けつ　えき 検査

⑨ 公う私し こん　どう

⑩ 水に土が ま じる。

39

クイズ
① 液　② 混　③ 備
画数が同じ漢字はどれとどれかな?

3 ──の言葉を、漢字と送りがな（　）に書きなさい。

① 〜の大きさをくらべる。

（　　　　　　　）

② 確かな実力がそなわる。

（　　　　　　　）

③ 二この文化がまざる。

（　　　　　　　）

1つ5点【15点】

---

2 □にあてはまる漢字を書きましょう。

⑨ □□を合わせる。
＊ねらうこと。目標に重ねること。

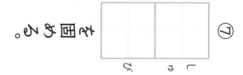
⑦ □□を固める。

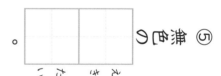
⑤ 黄色の□□。

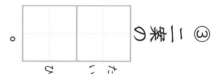
③ 二案の□□。

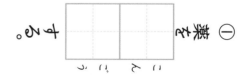
① 薬を□□する。

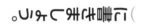
⑧ 電車が□む。

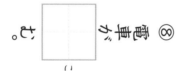
⑥ □え付けのたな。
＊それを使うために、ある場所に用意しておくこと。

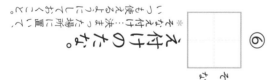
④ □□が高い。
＊目標にしていること。

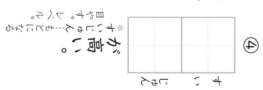
② 地面が□状化する。

1つ5点【45点】

漢字練習

逆
読み方　音 ギャク　訓 さか・さからう
使い方　逆回転　反逆　逆上がり　逆効果　逆立ち　逆転
部首（しんにょう）
9画　一、ソ、ユ、ソ、ぐ、屰、逆、逆

迷
読み方　音 （メイ）　訓 まよう
使い方　気迷い　迷子　迷子
部首（しんにょう）
9画　丶、丷、メ、米、米、米、迷、迷

航
読み方　音 コウ　訓
使い方　運航　欠航　航空機　航空便　航路　出航
右上へはらう　曲がりに注意
部首（ふねへん）
10画　丿、冂、力、角、舟、射、射、航

寄
読み方　音 キ　訓 よる・よせる
使い方　年寄り　寄港　寄宿舎　寄せ書き　寄付　寄り道
「木」としない
部首（うかんむり）
11画　丶、宀、宀、宀、宇、宊、実、寄、寄

程
読み方　音 テイ　訓 （ほど）
使い方　行程　音程　過程　程度　日程　課程
「ノ」出さない
部首（のぎへん）
12画　丿、二、千、禾、禾、和、和、程、程、程、程

---

1 □に漢字を書きましょう。
一つ4点【40点】

① （はん・ぎゃく）□□ する

② （さか）□ 立ちをする。

③ 心の（まよ）□い。

④ （まい・ご）□□ になる。

⑤ （こう・くう・び・ん）□□□

⑥ 船の（こう・ろ）□□。

⑦ （き・しゅく）□□ 舎。

⑧ （よ）□ せ書き

⑨ 成長の過（てい）□。

⑩ 大会の（に・っ・て・い）□□。

クイズ

①迷 ②米 ③逆

部首が同じ漢字はどれとどれかな？

答え ● 107ページ

3 ——の言葉を、漢字と送りがな（　）に書きましょう。 1つ5点【15点】

③ 親の言うことにしたがう。（　　　　）

② 多くの人が意見をよせる。（　　　　）

① 今後の進路にまよう。（　　　　）

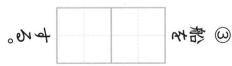

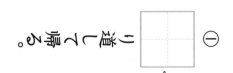

⑨ 外国船が、日本にこう□する。

⑦ 形勢がぎゃくてんする。

⑤ 旅のようい を表す。

③ 船をうんてんして帰る。

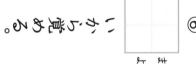

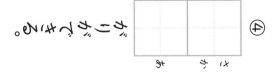

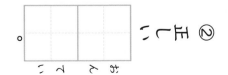

⑧ にっき

⑥ まどから見える。

④ さかみがでてくる。

② 正しいおんてい

① とおり道して帰る。

2 □にあてはまる漢字を書きましょう。 1つ5点【45点】

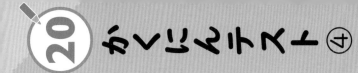

20 かくにんテスト④

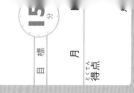

名前

目標 15分　月　日

得点

1 □にあてはまる漢字を書きましょう。　1つ4点【40点】

① 旅行の（にってい）□□。

② 無実を（しょうめい）□□する。

③ （ちょ・きん）□□金

④ ノートに（き・にゅう）□□する。

⑤ 持ち物の（けん・さ）□□。

⑥ （はん・てい）□□結果が出る。

⑦ （もん・く）□□の多い人。

⑧ （じょう・ほう）□□を集める。

⑨ （げん・ざい）□□と未来。

⑩ 道に（まよ）□う。

2 ——の言葉を、漢字と送りがなで（　）に書きましょう。　1つ4点【12点】

① 風にさからうのは大変だ。（　　　　　）

② 多くの来客にそなえる。（　　　　　）

③ 友達のさそいをことわる。（　　　　　）

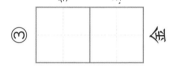
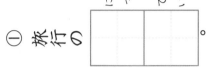

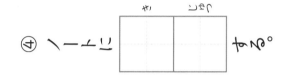
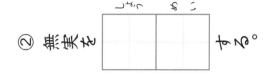

5 □に同じ読み方で意味のちがう漢字を書きましょう。【1つ3点/18点】

① 気□が大
　□の上に
　□する季節。

　船便が大□に
　□果を上げる。

② □結力がある。
　先生に相□する。
　原因が□定できない。

4 □に部首が「⺡（さんずい）」「阝（こざとへん）」の漢字を書きましょう。【1つ3点/18点】

① 結果に□足する。

③ □備が整う。

⑤ 子役の□技。

② 試合が□□。
　＊わたしたちのチームが勝ちそうだったのに、ぎゃくてんまけになった。

④ 胃の□のはたらき。

⑥ 海水を□む。

3 ——の漢字の読みがなを書きましょう。【1つ3点/12点】

①
二人で力を比べる。（　　）
努力に比例する。（　　）

②
歯車が逆回転する。（　　）
逆らうことはできない。（　　）

44

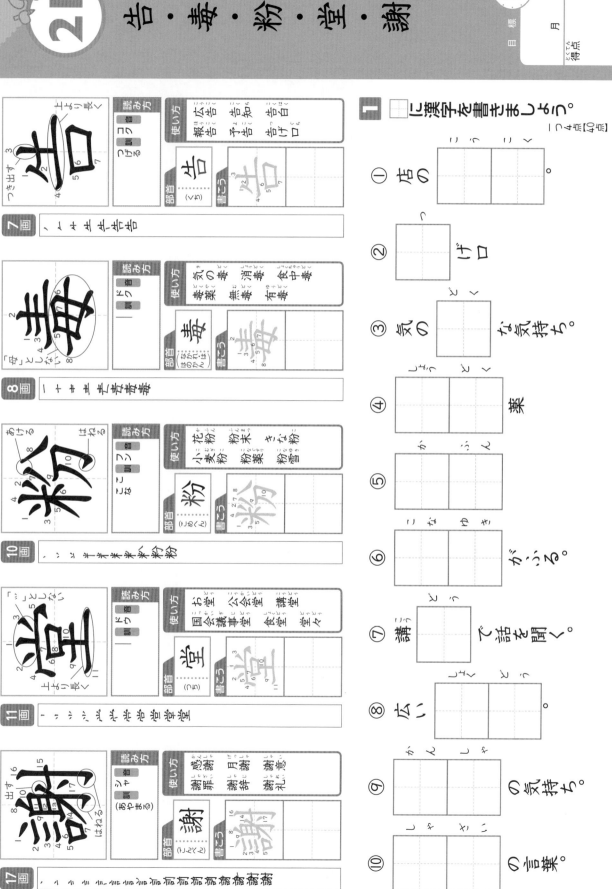

告
7画
読み方　音 コク　訓 つ(げる)
使い方　広告　報告　予告　告知　告げ口
部首　口(くち)
ノ　一　十　生　牛　告

毒
8画
読み方　音 ドク
使い方　気の毒　消毒　食中毒　毒薬　無毒　有毒
部首　母(なかれ・はは)

粉
10画
読み方　音 フン　訓 こ・こな
使い方　小麦粉　粉末　粉雪　粉薬
部首　米(こめへん)

堂
11画
読み方　音 ドウ
使い方　お堂　国会議事堂　公会堂　食堂　講堂　堂々
部首　土(つち)

謝
17画
読み方　音 シャ　訓 (あやまる)
使い方　感謝　謝罪　月謝　謝辞　謝礼　謝意
部首　言(ごんべん)

---

1 □に漢字を書きましょう。
一つ4点【40点】

① 店の[こう][こく]。

② [つ]げ口

③ 気の[どく]な気持ち。

④ [しょう][どく]薬

⑤ [か][ふん]

⑥ [こ][な][ゆき]がふる。

⑦ 講[どう]で話を聞く。

⑧ 広い[しょく][どう]。

⑨ [かん][しゃ]の気持ち。

⑩ [しゃ][れい]の言葉。

45

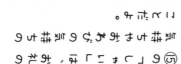

2 □にあてはまる漢字を書きましょう。　一つ4点【60点】

⑮ □□ を表す。

⑬ 春を □□ げる。

⑭ □ なきを使ったおかし。

⑫ □□□ 市の

⑪ □□ な薬品。

⑩ 失敗を □□ する。

⑨ □□ をはこぶ。

⑧ □□□ になる。

⑦ 国会 □□□

⑥ □□ ジュース

⑤ 結果を □□ する。

④ 講演の □□

③ □□ なガス

② □□ した態度

① □□□ を買う。

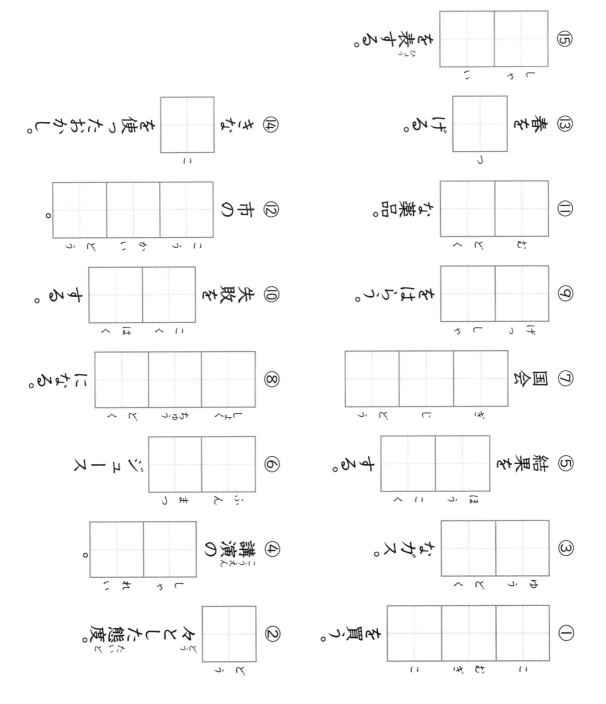

⑮の「しょう」は、おもてにあらわすあざやかな気持ちのことですよ。

46

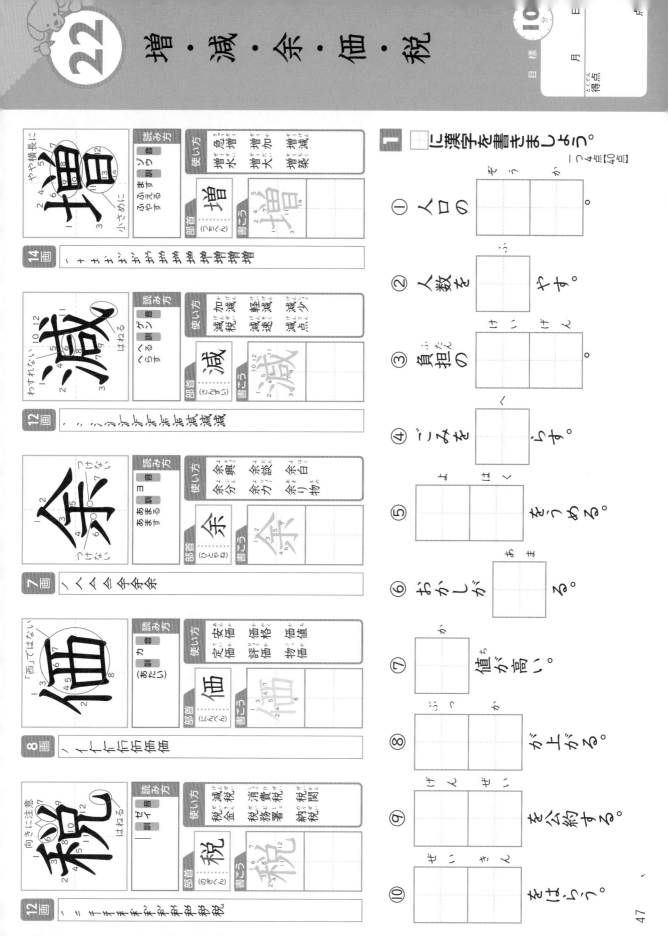

22 増・減・余・価・税

増 （14画）
読み方：音 ゾウ／訓 ふ（える）・ふ（やす）・ま（す）
部首：つちへん
使い方：急増・増水・増大・増加・増築・増減

減 （12画）
読み方：音 ゲン／訓 へ（る）・へ（らす）
部首：さんずい
使い方：加減・減税・軽減・速減・減少・減点

余 （7画）
読み方：音 ヨ／訓 あま（る）・あま（す）
部首：ひとやね
使い方：余分・余興・余力・余談・余り・余台物

価 （8画）
読み方：音 カ／訓 （あたい）
部首：にんべん
使い方：安価・定価・価格・評価・物価・価値

税 （12画）
読み方：音 ゼイ／訓
部首：のぎへん
使い方：税金・減税・消費税・税務署・納税・関税

1 □に漢字を書きましょう。 一つ4点【40点】

① 人口の〔ぞう か〕。

② 人数を〔ふ〕やす。

③ 負担の〔けい げん〕。

④ ごみを〔へ〕らす。

⑤ 〔よ は く〕をうめる。

⑥ おかしが〔あま〕る。

⑦ 〔か〕値が高い。

⑧ 〔ぶっ か〕が上がる。

⑨ 〔げん ぜい〕を公約する。

⑩ 〔ぜい きん〕をはらう。

3 ——の言葉を、漢字と送りがな（ ）に書きましょう。

1つ5点【15点】

① あますところ一週間となる。
※「ある」は「アル」、「のこる」は「ノコル」と読むと、「あます」の意味だよ。

（　　　　　）

② 児童の数がふえる。

（　　　　　）

③ 予算を少しへらす。

（　　　　　）

2 □にあてはまる漢字を書きましょう。

1つ5点【45点】

① 商品の□□が□く。

② □□□事が□る。

③ 不安が□□□する。

④ □□を残す。
※りえき…もうけのこと。

⑤ □□で買う。

⑥ 利益が□く。

⑦ 十□□□の人たち。

⑧ 風の勢いが□す。

⑨ 空港の□□□□。
※せつび…物ごとをせいびすること。外国から金をかけてつくる役所。

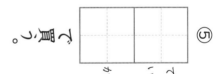
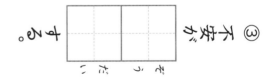
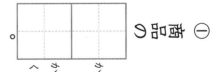

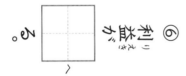
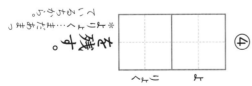
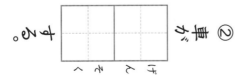

目標 10分

月　日

<ruby>得点<rt>とくてん</rt></ruby>

歴

読み方
音　レキ
訓　—

使い方
歴戦の学者
歴然と経る
歴然歴代の歴史

部首（とまる）
書こう 歴

14画　一 厂 斤 斤 斤 斤 厤 厤 厤 厤 歴 歴

史

読み方
音　シ
訓　—

使い方
史料文学史
史実書く史
歴史史上最大

部首（くち）
書こう 史

5画　一 ロ ロ 史 史

紀

読み方
音　キ
訓　—

使い方
世紀紀元
風紀紀元前
紀行文

部首（いとへん）
書こう 紀

9画　く 幺 幺 糸 糸 糸 糽 紀 紀

常

読み方
音　ジョウ
訓　つね（とこ）

使い方
日常常識
非常正常
常日ごろ通常

部首（はば）
書こう 常

11画　一 ヽ ヽ ヽ 屵 屵 屵 肖 常 常 常

夢

読み方
音　ム
訓　ゆめ

使い方
初夢悪夢
夢中夢
夢物語り

部首（ゆうべ）
書こう 夢

13画　一 十 十 廿 廾 芍 芍 夢 夢 夢 夢 夢 夢

① がくれき を書く。

② れきだい の総理。

③ しじょう 最大

④ しりょう を読む。

⑤ 二十 せいき

⑥ きげん 前〇

⑦ つうじょう

⑧ つね 日ごろ

⑨ あくむ

⑩ ゆめものがたり

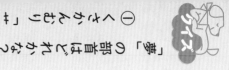

クイズ
「夢」の部首はどれかな？
① くさかんむり「艹」 ② うかんむり「宀」 ③ ゆうべ・た「夕」

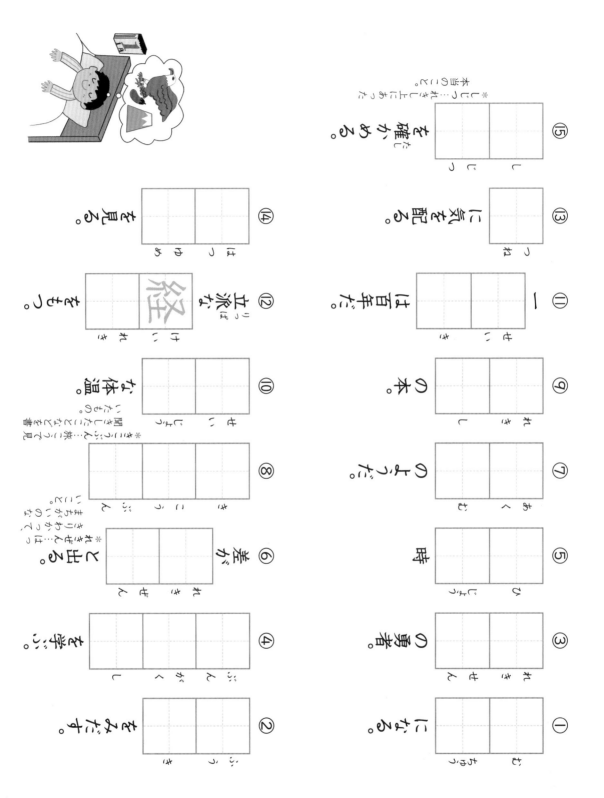

2 □にあてはまる漢字を書きましょう。
一つ4点【60点】

① □□になる。
（む・ちゅう）

② □□をみたす。
（き・ぼう）

③ □□の勇者。
（でん・せつ）

④ □□を学ぶ。
（し・ぜん・か・がく）

⑤ □□時。
（ひ・じょう）

⑥ 差が□□と出る。
（れき・ぜん）
＊はっきりしているようす。

⑦ □□のよう。
（あく・む）

⑧ □□□□。
＊きせいのことがらを見て、新しいことを思いつくこと。

⑨ □□の本。
（し・ば）

⑩ □□な体温。
（せい・じょう）

⑪ □□は苦手だ。
（き・こ・せい）

⑫ 立派な□祖□をきく。
（そ・せん）

⑬ □□に気を配る。
（し・ね）

⑭ □□を見る。
（はつ・ゆめ）

⑮ □□を確かめる。
（し・じ・つ）
＊じっさいにおこったほんとうのこと。

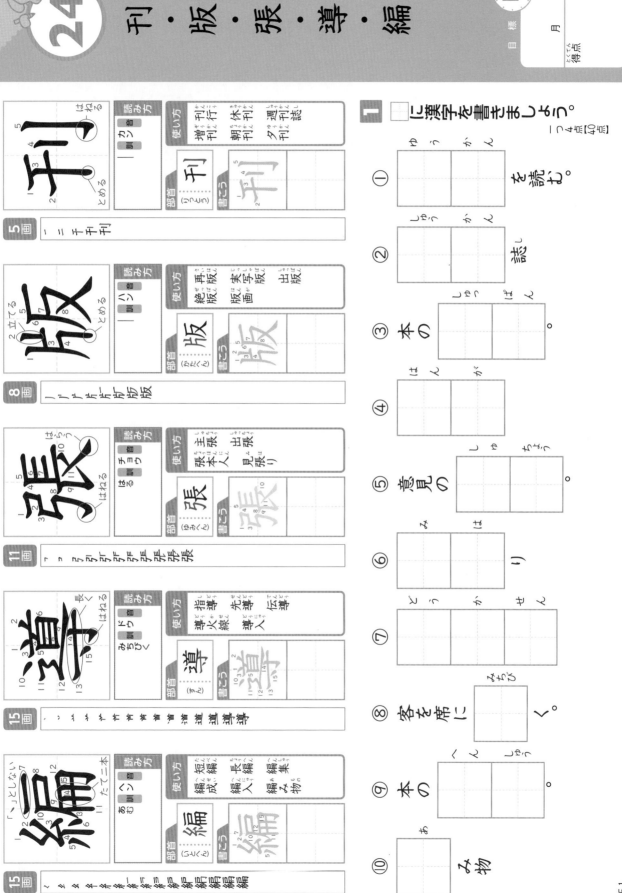

刊
読み方　音 カン／訓 —
使い方　増刊を行う／朝刊・休刊／夕刊・週刊誌を読む
部首（りっとう）
5画　一　ニ　干　刊　刊

版
読み方　音 ハン／訓 —
使い方　絶版・再版／版画・実写版／出版
部首（かたへん）
8画　丿　丬　片　片　片　版　版

張
読み方　音 チョウ／訓 は（る）・はね（る）
使い方　張本人・主張／見張り・出張り
部首（ゆみへん）
11画　張

導
読み方　音 ドウ／訓 みちび（く）・はね（る）
使い方　指導・導火線／先導・導入／伝導線
部首（すん）
15画　導

編
読み方　音 ヘン／訓 あ（む）
使い方　編成・短編／長編・編入／編み物・編集
部首（いとへん）
15画　編

1　□に漢字を書きましょう。　〔一つ4点40点〕

① ゆうかん を読む。
② しゅうかん 誌
③ 本の しゅっぱん 。
④ はんが
⑤ 意見の しゅちょう 。
⑥ みは り
⑦ どうかせん
⑧ 客を席に みちび く。
⑨ 本の へんしゅう 。
⑩ あみ 物

答え ▶ 108ページ

クイズ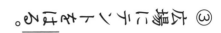

①版 ②紀 ③価

画数が同じ漢字は、どれとどれかな？

3 ——の言葉を、漢字と送りがな（　）に書きましょう。【1つ5点】

① 計画を成功にみちびく。

（　　　　　　）

② 毛糸でセーターをあむ。

（　　　　　　）

③ 広場にテントをはる。

（　　　　　　）

2 □にあてはまる漢字を書きましょう。【1つ5点】

① 新聞の ちょう かん 。

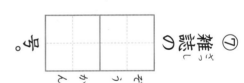

③ じけんの はん にん

⑤ 出口へ みちびかれる。

⑦ 雑誌の ぞう かん 号。

⑨ 本が ぜっ ぱん になる。

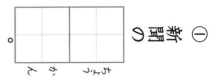

② しょう せつ

④ きゃく を かん せい する。

⑥ この えい しゃ の映画が

⑧ しゅう てん を通る。

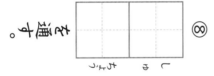
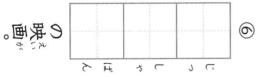
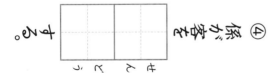
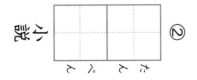

名前

15分
目標
月　日
得点

1 □にあてはまる漢字を書きましょう。　一つ4点【40点】

① 能力を評□する。（か）

② □□を述べる。（しゃじ）
＊しゃじ…お礼の言葉。

③ 新聞の□□日。（ちゅうかん）

④ 十九□□の日本。（せいき）

⑤ □□をはらう。（せいさん）

⑥ 海外に□□する。（しゅちょう）

⑦ □□なガス。（ゆうどく）

⑧ □□を刷る。（はんが）

⑨ □□の風景。（にちじょう）

⑩ 鉄道の□□。（れきし）

2 ——の言葉を、漢字と送りがなで（　）に書きましょう。　一つ4点【12点】

① 希望者がどんどんふえる。　（　　　　　）

② 母がマフラーをあむ。　（　　　　　）

③ 身にあまる光栄だ。　（　　　　　）
＊身にあまる…自分の実力以上だ。

5 □に同じ読み方で意味のちがう漢字を書きましょう。 1つ3点【18点】

①
公□に集まる。（とう）
指□にしたがう。（とう）
□労時間が長い。（とう）

②
□分量を加える。（げん）
カの結果にむすぶ。（げん）
計画が実□する。（げん）

4 □に部首が「口」（くへん）「ち（へん）」の漢字を書きましょう。 1つ3点【18点】

① 外出が許□される。（か）
② 次回の子□をする。（く）
③ 歴□を学ぶ。（し）
④ 文末に□点を打つ。（く）
⑤ 信□が青になる。（ごう）
⑥ 平□な世界。（わ）

3 ──の漢字の読みがなを書きましょう。 1つ3点【12点】

①
兄はゲームに夢中だ。（　　　）
よい初夢を見る。（　　　）

②
苦い粉薬を飲む。（　　　）
花粉のまう季節だ。（　　　）

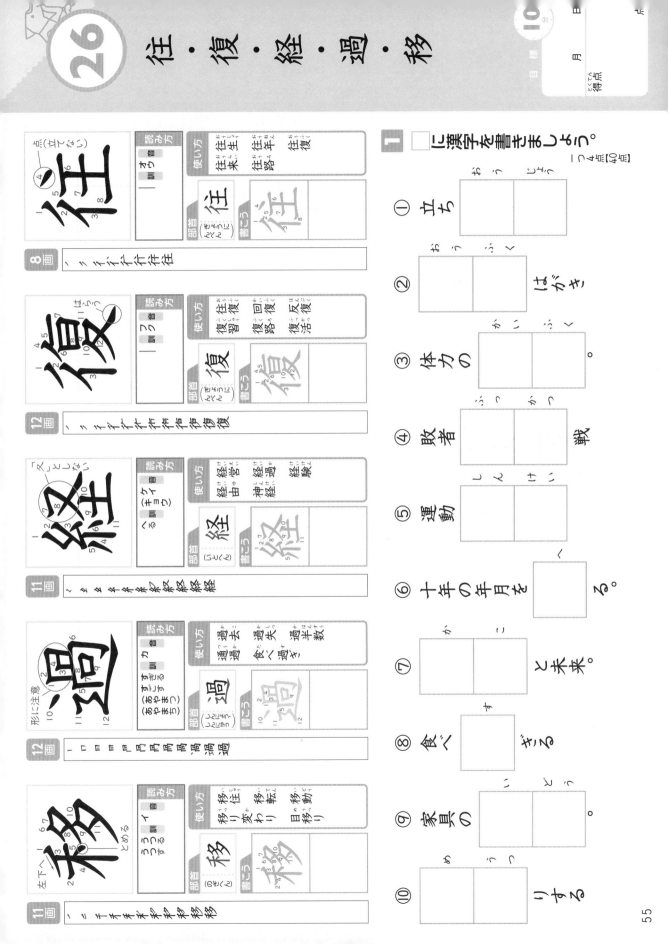

26 往・復・経・過・移

往

読み方
音 オウ
訓 —

使い方
往来
往生
往復路
往年

部首 ぎょうにんべん

8画 丿 彳 彳 彳 彳 往 往 往

復

読み方
音 フク
訓 —

使い方
復習
復路
復活
回復
反復

部首 ぎょうにんべん

12画 丿 彳 彳 彳 彳 彳 彳 復 復 復 復 復

経

「又」としない

読み方
音 ケイ（キョウ）
訓 へる

使い方
経由
経営
経過
神経
経験

部首 いとへん

11画 乡 乡 乡 糸 糸 紀 紑 絵 経 経

過

形に注意

読み方
音 カ
訓 すぎる すごす（あやまつ）（あやまち）

使い方
過去
過食
過失
過半数

部首 しんにょう・しんにゅう

12画 冂 冂 冂 冂 咼 咼 咼 咼 過 過 過 過

移

左下へ

読み方
音 イ
訓 うつる うつす

使い方
移り変わり
移住
移転
目移り
移動

部首 のぎへん

11画 二 千 禾 禾 秽 秽 秽 移 移 移

---

1 □に漢字を書きましょう。

一つ4点【40点】

① 立ち ［おう じょう］

② ［おう ふく］ はがき

③ 体力の ［かい ふく］。

④ 敗者 ［ふく かつ］ 戦

⑤ 運動 ［しん けい］

⑥ 十年の年月を ［へ］る。

⑦ ［か こ］ と未来。

⑧ 食べ ［す］ ぎる

⑨ 家具の ［い どう］。

⑩ ［い じゅう］ りする

55

3 ——の言葉を、漢字と送りがな（　）に書きましょう。 1つ5点【15点】

① 席があ＿いていなかった。　（　　　　　）

② て＿つづきの手続をくむ。　（　　　　　）

③ よい時間をす＿ごしたいがいました。　（　　　　　）

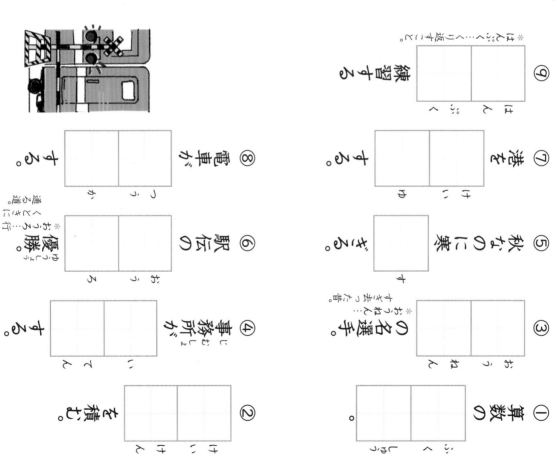

2 □にあてはまる漢字を書きましょう。 1つ5点【45点】

① 算数の ［べんきょう］ する。

② ［けいけん］ を積む。

③ ［おうえん］ の名選手
※おうえん…せんしゅをおうえんする言ば

④ 事務所が ［いてん］ する。

⑤ 秋の ［しゅうかく］ する。

⑥ 駅伝の ［おうろ］
※おうろ…行くときにとおる道

⑦ 港を ［けいゆ］ する。

⑧ 電車が ［かいし］ する。
※ゆうしょう…行く道にとおる

⑨ ［はんぷく］ 練習する。
※はんぷく…くり返すこと

目標 10分

月　　日

得点　　点

応
読み方　音 オウ　訓 こた（える）
使い方　応急 応答 応用 対応 応接間
部首 応（こころ）
7画　　丶 一 广 広 応 応

保
読み方　音 ホ　訓 たも（つ）
使い方　確保 保護 保育 保存 保健室
部首 保（にんべん）
9画　　丿 亻 仁 仔 仔 仔 保 保 保

基
読み方　音 キ　訓 もと・もとい
使い方　基地 基金 基準 基本
部首 基（つち）
11画　　一 十 卄 芑 其 其 其 其 基 基

提
読み方　音 テイ　訓 さ（げる）
使い方　前提 提示 提出 提案 提起
部首 提（てへん）
12画　　一 扌 扌 押 押 押 担 捍 捍 提 提 提

興
読み方　音 コウ・キョウ　訓 おこ（る）・おこ（す）
使い方　復興 興行 興奮 再興 興味 余興
部首 興（うす）
16画　　丿 ィ ィ ′ 印 印 印 卸 鋼 鋼 鋼 鋼 鋼 鋼 興 興

---

1 □に漢字を書きましょう。
一つ4点【40点】

① おう接せつ間

② 期待にこたえる。

③ ほけんしつ

④ 友好関係をたもつ。

⑤ かんそく

⑥ きほんの動作。

⑦ 導入をていあんする。

⑧ 課題のていじ。

⑨ ふっこうの計画。

⑩ きょうみがわく。

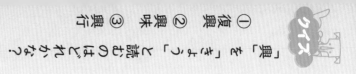

クイズ
「興」を「きょう」と読むのはどれかな？
① 復興　② 興味　③ 興行

2　□にあてはまる漢字を書きましょう。　一つ4点【60点】

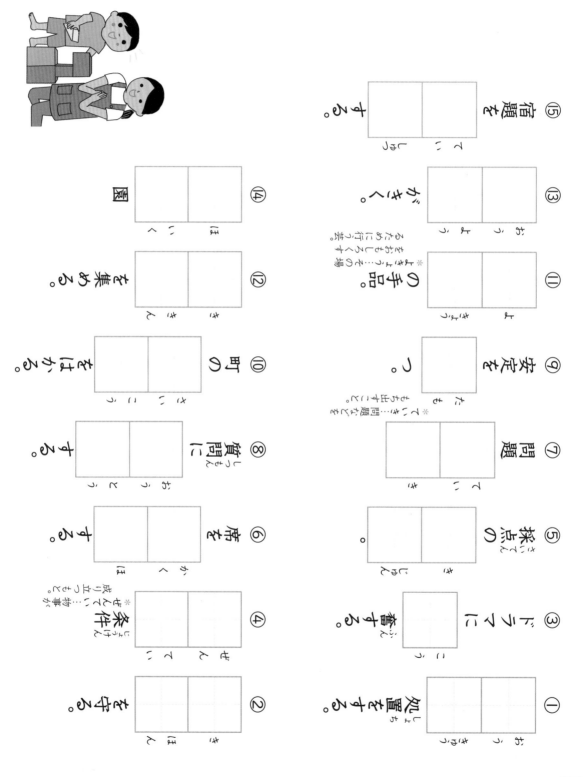

⑮　宿題を □□ する。（ていしゅつ）

⑬　□□ へ行く。（かいじょう）
※多くの人が集まって行事などをする場所。

⑪　□□ の手品。
※お客さんを楽しませる芸。

⑨　安定を □つ。（たも）
※問題などを…正しい。

⑦　問題を □□ する。

⑤　□□ の □□。（さいてん）

③　ドアに □□ する。

①　□□ する。（しょち）

⑭　□□ 員

⑫　□□ を集める。

⑩　町の □□ をはかる。（きぼ）

⑧　質問に □□ する。

⑥　席を □□ する。（かくほ）

④　□□ 事件
※物事が成り立つために…成り立つ事。

②　□□ を守る。（やくそく）

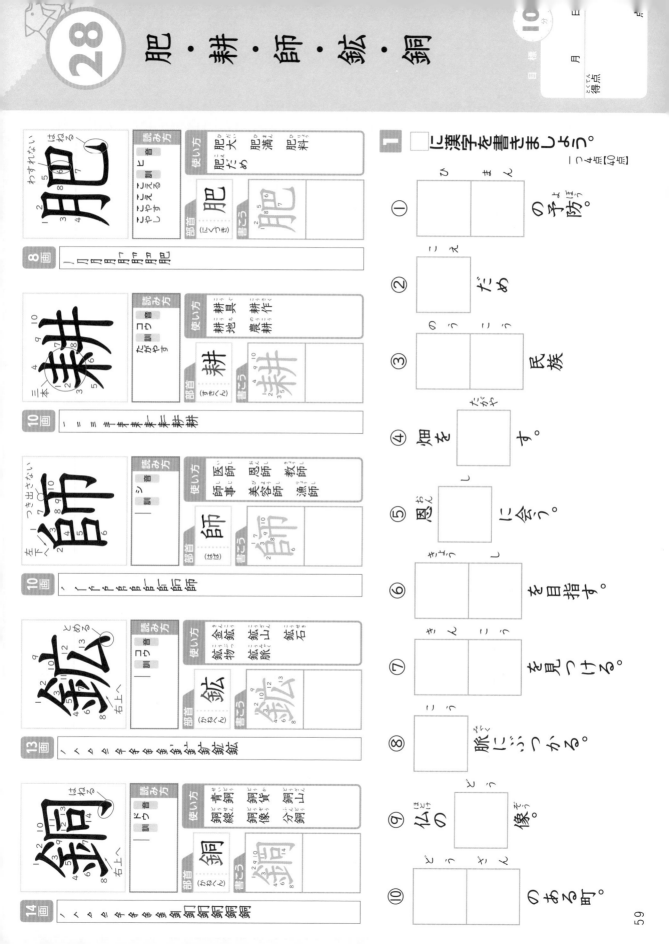

肥

読み方
音 ヒ
訓 こえる こえ こやす こやし

使い方
肥大 肥満 肥料 肥だめ

部首 （にくづき）

8画 ） 月 月 月 月 月 肥 肥

耕

読み方
音 コウ
訓 たがやす

使い方
耕地 耕具 農耕 耕作

部首 （すきへん）

10画 一 二 三 三 丰 耒 耒 耒 耕 耕

師

読み方
音 シ
訓 —

使い方
師事 美容師 恩師 漁師 教師

部首 （はば）

10画 ） ｜ ｒ ｆ ｆ 師 師 師 師 師

鉱

読み方
音 コウ
訓 —

使い方
鉱物 鉱脈 鉱山 鉱石 金鉱

部首 （かねへん）

13画 ノ ｊ ｆ ｅ 牟 牟 釒 釒 釒 釛 鉱 鉱 鉱

銅

読み方
音 ドウ
訓 —

使い方
銅線 銅像 銅貨 青銅 分銅 銅山

部首 （かねへん）

14画 ノ ｊ ｆ ｅ 牟 牟 釒 釒 釘 釘 銅 銅 銅 銅

---

1 □に漢字を書きましょう。

一つ4点【40点】

① ひ まん の予防。

② こえ だめ

③ のう こう 民族

④ 畑を たがや す。

⑤ 恩おん し に会う。

⑥ きょう し を目指す。

⑦ きん こう を見つける。

⑧ こう 脈にぶつかる。

⑨ 仏ほとけ の どう 像。

⑩ どう ざん のある町。

②芸術作品を見る目を＿＿＿＿。

（　　　　　　　　　）

①田をたがやす季節になる。

（　　　　　　　　　）

3 ——の言葉を、漢字と送りがな（　）に書きなさい。　【一つ2点】

⑪ ＿＿＿＿ほりの……。
*せいとのこと。全員。
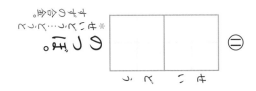

⑨ ＿＿＿＿師。

⑦ 百科＿＿＿＿。
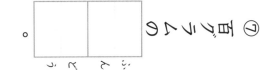

⑤ ＿＿へ答えた。
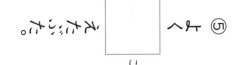

③ 鉄の＿＿＿＿。

① 内科の＿＿。
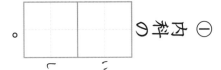

2 □にあてはまる漢字を書きましょう。　【一つ4点】

⑫ 原野を＿＿＿＿にする。

⑩ 植物に＿＿＿＿をやる。

⑧ ＿＿＿＿資源。

⑥ ＿＿＿＿が海に出る。
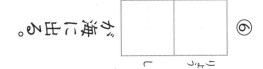

④ ＿＿＿＿を集める。

② 水田を＿＿＿＿する。

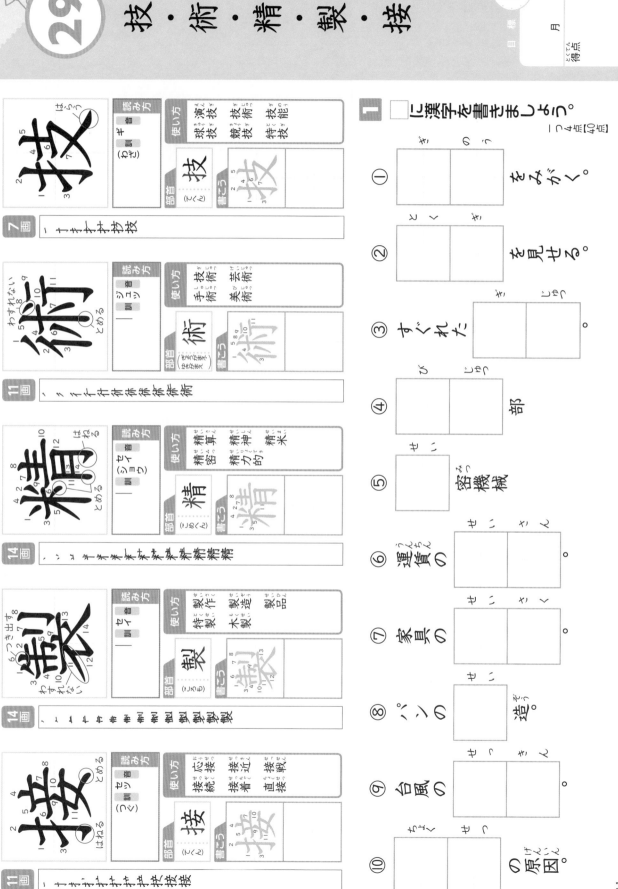

29 技・術・精・製・接

技
読み方 音 ギ 訓 (わざ)
使い方 球技 競技 特技 演技 技術 技能
部首 てへん
7画 一 † 扌 扩 拮 技

術
読み方 音 ジュツ 訓 すべ
使い方 手術 美術 技術 芸術
部首 ゆきがまえ
11画 ノ ラ 彳 彳 徉 徉 徉 徉 術 術

精
読み方 音 セイ ショウ 訓 (しら) (くわしい)
使い方 精密 精算 精力 精神 精的 精米
部首 こめへん
14画 ゜ ゛ ‡ ‡ 米 米 米 精 精 精 精

製
読み方 音 セイ 訓
使い方 特製 製作 木製 製造 製品
部首 ころも
14画 ゜ ゛ ‡ 告 伟 制 制 製 製 製 製

接
読み方 音 セツ 訓 (つ) (つぐ)
使い方 接続 接着 接近 直接 応接 接戦
部首 てへん
11画 一 † 扌 扩 抒 护 拉 接 接

1 □に漢字を書きましょう。
一つ4点【40点】

① ［ぎ・の］をみがく。

② ［と・く・ぎ］を見せる。

③ すぐれた［ぎ・じゅつ］。

④ ［び・じゅつ］部

⑤ ［せい］密機械

⑥ 運賃の［せい・さん］。

⑦ 家具の［せい・さく］。

⑧ パンの［せい・ぞう］。

⑨ 台風の［せっ・きん］。

⑩ ［ちょく・せつ］の原因。

クイズ

部首が同じ漢字は、どれとどれかな？
① 接
② 枝
③ 技

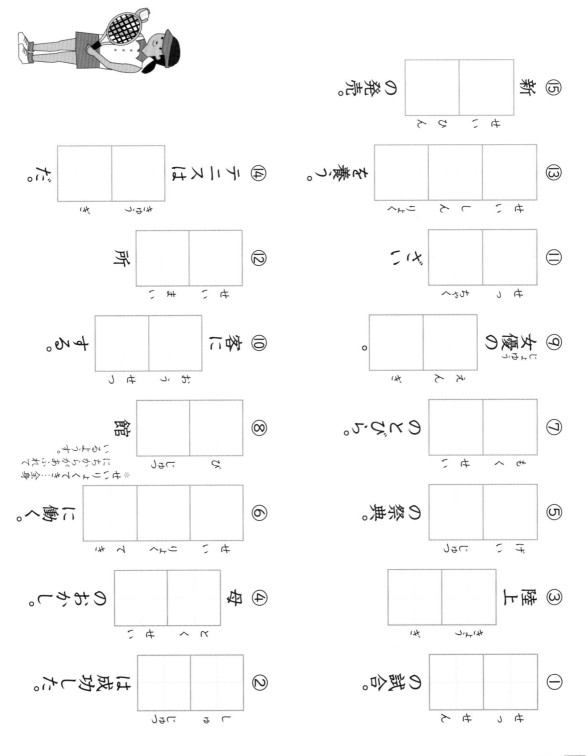

2 □にあてはまる漢字を書きましょう。　4年【語句】

① □□の試合。（せんしゅ）

② □□は成功した。（しゅじゅつ）

③ 陸上□□（きょうぎ）

④ 母の□□のおかし。（てせい）

⑤ □□の祭典。（しょうり）

⑥ □□□に働く。（せいてきゅう）

⑦ □□のとびら。（もくせい）

⑧ □□館（びじゅつ）

⑨ 女優の□□。（えんぎ）

⑩ 客に□□する。（おうせつ）

⑪ □□ごい。（りくせん）

⑫ □□所（せいぞう）

⑬ □□□を養う。（せいしんりょく）

⑭ テニスは□□だ。（とくぎ）

⑮ 新□□の発売。（せいひん）

※せっきょくてき……ものごとを進んでするようす。

62

1 □にあてはまる漢字を書きましょう。 1つ4点【40点】

① き じゅん 　□□を決める。

② げい じゅつ 　□□作品の展示。

③ ふく しゅう 　□□計画を立てる。

④ こう じょう 　□□で働く。

⑤ 交通費の せい さん 　□□。

⑥ フランスの ぶん か 　□□。

⑦ 実験で ど う せ ん 　□□を使う。

⑧ せい ひん 　□□をならべる。

⑨ きょう み 　□□をそえる。

⑩ び よ う し 　□□□になる。

2 ──の言葉を、漢字と送りがなで（　）に書きましょう。 1つ4点【12点】

① 冷静さをたもつ。 （　　　　）

② 読書は心のこやしになる。
＊心のこやし…心を育てるもの。 （　　　　）

③ 長い年月をへる。 （　　　　）

答え ◎ 109ページ

5 □に同じ読み方で意味のちがう漢字を書きましょう。【1つ3点】[18点]

① 事の□が多い。
道路を□断する。
的確に□対する。

② 外出が□かる。
□が失をとめる。
物□が下がる。

4 □に部首が「キ(へん)」の漢字を書きましょう。【1つ3点】[18点]

① 友人を家に□く。
② 文と文を□続する。
③ 効果が□続する。
④ 課題を□起する。
⑤ 特□は物まねだ。
⑥ 交差点を左□する。

3 ──の漢字の読みがなを書きましょう。【1つ3点】[12点]

① 田畑を耕す。（　　）
耕作地が広がる。（　　）

② 目移りして決められない。（　　）
事務所の移転の通知がとどく。（　　）

統・領・条・政・境

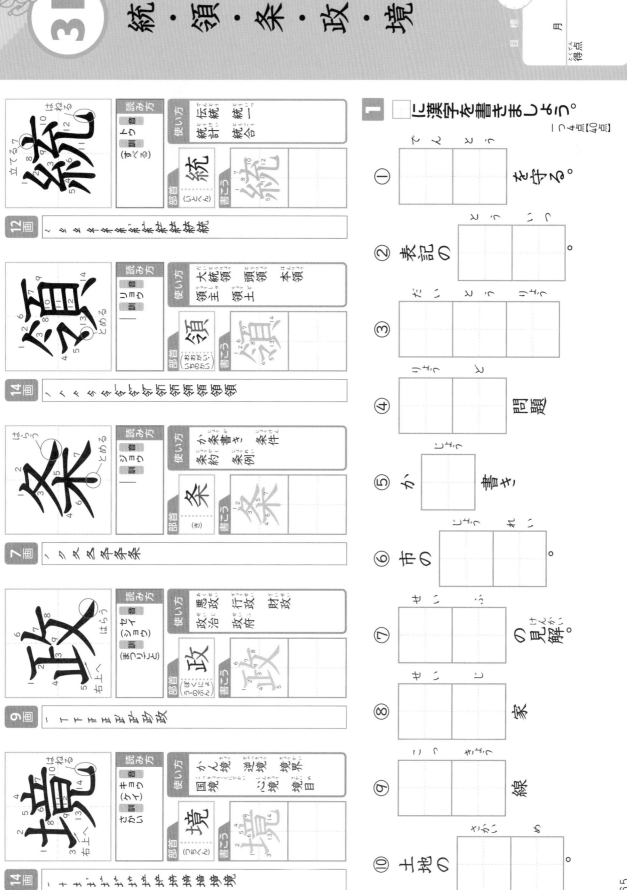

統 12画
読み方 音 トウ 訓 (す)べる
使い方 統計 統合 伝統 統一
部首 糸(いとへん)
書こう 統
筆順 く幺幺幺糸糸糸糸糸統統統

領 14画
読み方 音 リョウ 訓 —
使い方 大統領 領主 領土 頭領 本領
部首 頁(おおがい・いちのかい)
書こう 領
筆順 ノ 人 今 今 令 令 刢 刢 領 領 領 領 領 領

条 7画
読み方 音 ジョウ 訓 —
使い方 条約 条例 書き条 条件
部首 木(き)
書こう 条
筆順 ノ ク 夂 冬 各 条 条

政 9画
読み方 音 セイ・(ショウ) 訓 (まつりごと)
使い方 政治 行政 悪政 財政 政府
部首 攵(ぼくづくり・のぶん)
書こう 政
筆順 一 丁 下 下 正 正 政 政 政

境 14画
読み方 音 キョウ・(ケイ) 訓 さかい
使い方 国境 逆境 境界 心境 境目
部首 土(つちへん)
書こう 境
筆順 一 十 土 圹 圹 圷 垃 垃 垃 培 培 境 境

1 □に漢字を書きましょう。
一つ4点【40点】

① てんとう を守る。

② 表記の とういつ。

③ だいとうりょう

④ りょうど 問題

⑤ かじょう書き

⑥ 市の じょうれい。

⑦ せいふ の見解が。

⑧ せいじ 家

⑨ こっきょう 線

⑩ 土地の さかいめ

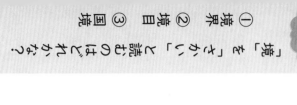

クイズ

「境」を「さかい」と読むのはどれかな？
① 境界　② 境目　③ 国境

---

２ □にあてはまる漢字を書きましょう。　一つ４点【60点】

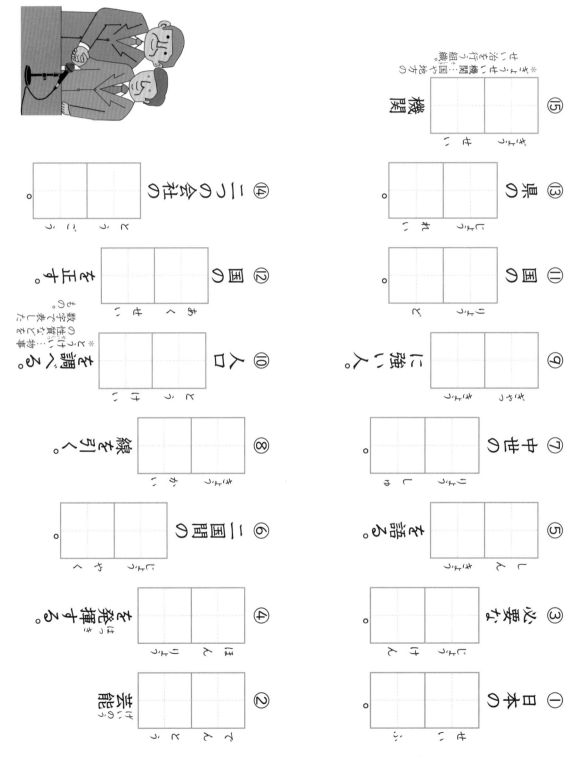

① 日本の□□。〔せ・い〕

② □□の芸能。〔て・ん・とう〕

③ 必要な□□。〔じょう・けん〕

④ □□を発揮する。〔ほ・ん・りょう〕

⑤ □□を語る。〔し・そう〕

⑥ □□国間の□□。〔や・く／じょう〕

⑦ 中世の□□。〔りょう・しゅ〕

⑧ □□線を引く。〔きょう・か・い〕

⑨ □□に強い。〔きょう・さん〕

⑩ 人口□□を調べる。〔と・う・けい〕
　*数の性質など…文字や数字で表した物事

⑪ 国の□□。〔と・りょう〕

⑫ □□を正す。〔あ・へ・せ〕

⑬ 県の□□。〔じょう・れい〕

⑭ □□の会社。〔と・け・ん〕

⑮ □□機関。〔せ・い・しょう〕
　*政治を行う機関…国や組織や地方の

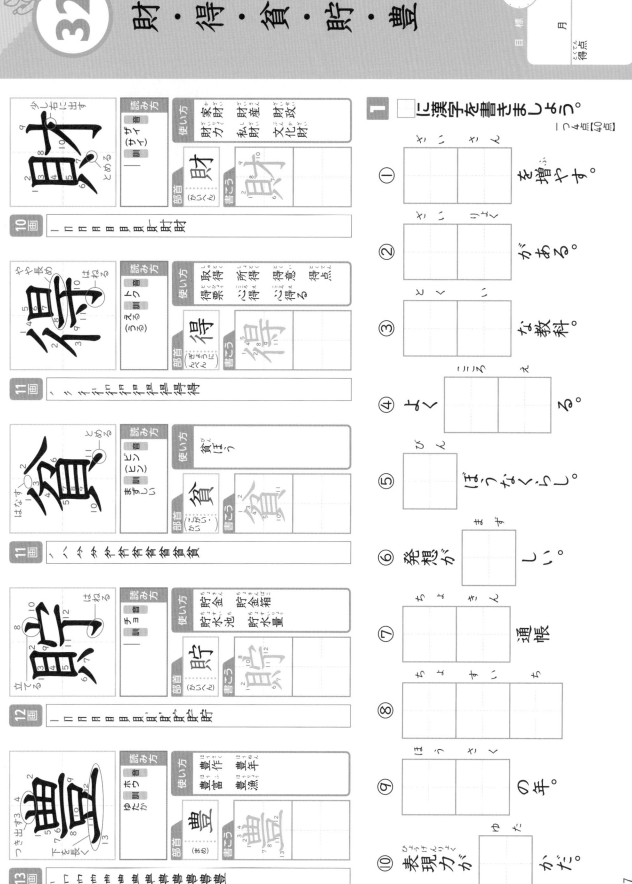

32　財・得・貧・貯・豊

月　日

得点

1 □に漢字を書きましょう。

一つ4点【40点】

① ［ざい　さん］を増やす。

② ［き　とく］がある。

③ ［と　く　い］な教科。

④ よく［こころ　え］る。

⑤ ［び　ん］ぼうなくらし。

⑥ 発想が［ます］しい。

⑦ ［ち　ょ　きん］通帳

⑧ ［ち　ょ　すい　ち］

⑨ ［ほう　さく］の年。

⑩ 表現力が［ゆ　た］かだ。

67

3 ──の言葉を、漢字と送りがな（　）に書きましょう。 【1つ5点／15点】

③ 勝利を<u>える</u>といができた。

（　　　　　　　　）

② まずしい生活から<u>ぬかれ</u>出す。

（　　　　　　　　）

① <u>ゆたか</u>さを感じる。

（　　　　　　　　）

2 □にあてはまる漢字を書きましょう。 【1つ5点／45点】

⑨ □□を願う。

⑦ □□神を追いはらう。
＊びんぼう神…びんぼうにする神。

⑤ □□を重ねる。

③ □□が苦しい。

① □□が多い。

⑧ □□□に書きましょう。

⑥ □□□。

④ □□□が多い。
＊さくもつ…作物がたくさん…。

② □□の□□を祝う。
＊祝を…。

③の「きん」は、日本ぜんたいのお金のある状態のことだよ。

33　貴・任・職・務・営

目標 10分

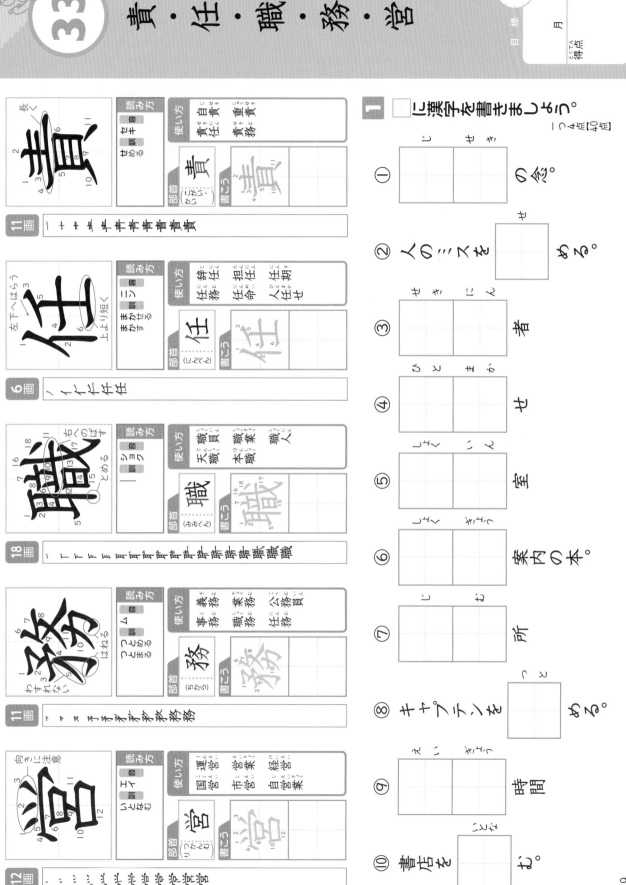

貴
読み方：音 キ　訓 たっとい・とうとい・たっとぶ・とうとぶ
使い方：貴重／貴任／自貴／責任
部首 かいへん・こがい
11画 一 十 土 キ キ 青 青 青 青 貴 貴

任
読み方：音 ニン　訓 まかせる・まかす
使い方：任務／担任／辞任／任命／任期／人任せ
部首 にんべん
6画 ノ イ 仁 仟 任 任

職
読み方：音 ショク　訓 —
使い方：職員／職業／職人／本職／天職
部首 みみへん
18画 職

務
読み方：音 ム　訓 つとめる・つとまる
使い方：事務／義務／職務／業務／公務／任務／務員
部首 ちから
11画 務

営
読み方：音 エイ　訓 いとなむ
使い方：国営／市営／自営／運営／営業／経営／営業
部首 つかんむり
12画 営

1 □に漢字を書きましょう。

一つ4点【40点】

① [じ] [せき] の念。

② 人のミスを [せ] める。

③ [せき] [にん] 者

④ [ひ] [と] [まか] せ

⑤ [しょく] [いん] 室

⑥ [しょく] [ぎょう] 案内の本。

⑦ [じ] [む] 所

⑧ キャプテンを [つと] める。

⑨ [えい] [ぎょう] 時間

⑩ 書店を [いとな] む。

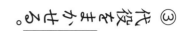

クイズ 「務」の部首はどれかな？
① 「い」「チ」
② 「ほこ」「ヌ」
③ 「ちから」「力」

③ 代役をまかせる。
（　　　　　　　）

② 八百屋をいとなむ。
（　　　　　　　）

① クラス委員をつとめる。
（　　　　　　　）

3 ──の言葉を、漢字と送りがな（ひらがな）に書きましょう。
［1つ5点］

⑨ 役員を□□する。

⑦ 失敗を□□められる。

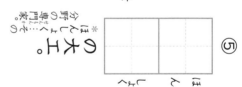
⑤ □□の大工。

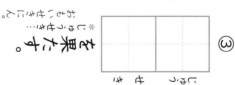
③ □□を果たす。

① 組織の□□。

⑧ 旅館を□□□する。

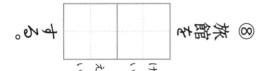
⑥ □□□に出合う。

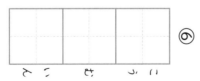
④ □□に出合う。

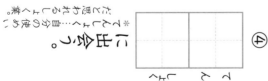
② リーダーに□□する。

2 □にあてはまる漢字を書きましょう。
［1つ5点］

均

読み方　音 キン　訓 ―

使い方　均一・均等・均整　平均・均整

部首（つちへん）

7画　一 十 土 圴 均 均

率

読み方　音 （ソツ）（リツ）　訓 ひきいる

使い方　倍率・確率　比率・投票率　利率・能率

部首（げん）

11画　一 亠 十 玄 玄 玄 玄 玄 玄 率

測

読み方　音 ソク　訓 はかる

使い方　観測・測量　目測・計測　予測・測定

部首（さんずい）

12画　一 氵 氵 汀 汌 泪 泪 泪 測 測 測

総

読み方　音 ソウ　訓 すべる・ふさ

使い方　総合・総意　総数・総会　総理大臣・総額

部首（いとへん）

14画　幺 幺 糸 糸 糸 紷 紷 絵 絵 総 総 総

複

読み方　音 フク　訓 ―

使い方　複式・複写　重複・複数　複合・複雑

部首（ころもへん）

14画　ラ ネ ネ ネ ネ ネ ネ ネ ネ 複 複

---

1 □に漢字を書きましょう。

一つ4点【40点】

① □□（きん・とう）に分ける。

② □□（く・きん）台

③ □□□（とう・ひょう・りつ）

④ 児童を□（ひき）いる。

⑤ 身体□□（そく・てい）

⑥ 水深を□（はか）る。

⑦ □□（そう・い）で決める。

⑧ □□（そう・り）大臣

⑨ □□（ふく・ざつ）な仕組み。

⑩ □□（ふく・すう）の意見。

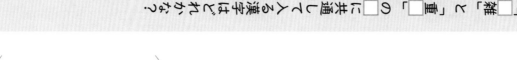

① 「雑」と「□」
② 混□「重」
③ 複□

の□に共通して入る漢字はどれかな？

② チームをひきいる｜｜｜リーダー。

（　　　　　　）

① ろうかの長さをはかる｜｜｜。

（　　　　　　）

---

3 ——の言葉を、漢字と送りがな（　）に書きましょう。　【1つ6点/12点】

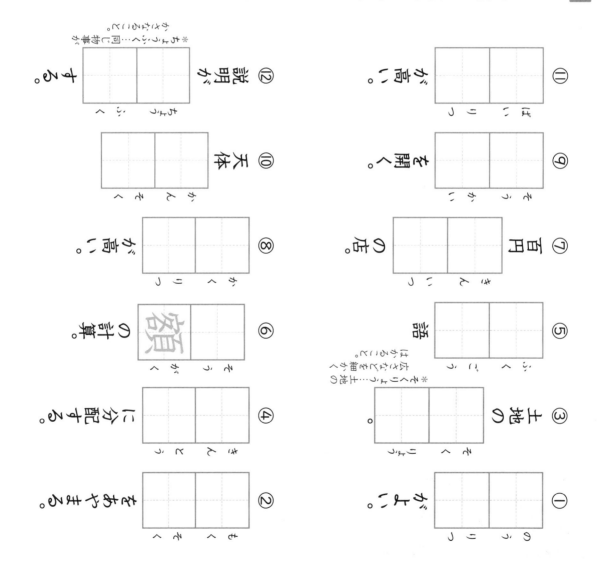

⑪ □□が高い。

⑨ □□を開く。

⑦ □□の店。（百円）

⑤ □□語。
＊はんいが広くて細かいところまで…ゆきわたること。

③ 土地の□□□。

① □□がよい。

⑫ □□説明が。
＊同じことを、くりかえしていうこと。物事が…

⑩ □□天体。

⑧ □□が高い。

⑥ （答）□□の計算。

④ □□に分配する。

② □□をあやる。

---

2 □にあてはまる漢字を書きましょう。　【1つ4点/48点】

目標 10分

月　日

得点　点

布

長めに

ノ ナ オ 右 布

5画

読み方
音 フ
訓 ぬの

使い方
分布
公布
毛布
散布
布地
配布

部首　はば
書こう　布

型

はねる

一 二 干 开 开 刑 刑 型 型

9画

読み方
音 ケイ
訓 かた

使い方
型紙
原型
血液型
典型
模型
小型
流線型

部首　つち
書こう　型

絶

はねる

幺 幺 幺 糸 糸 糸 糸 �</ 給 絶 絶

12画

読み方
音 ゼツ
訓 たえる
たやす
たつ

使い方
絶気積
絶対
絶好
絶望
絶交

部首　いとへん
書こう　絶

綿

はねる

幺 幺 幺 糸 糸 糸 糸 絲 綿 綿 綿 綿 綿

14画

読み方
音 メン
訓 わた

使い方
綿石
綿花
綿密
連綿
綿雲
綿毛

部首　いとへん
書こう　綿

織

長くつき出す

幺 幺 幺 糸 糸 糸 糸 絲 絲 綿 綿 綿 緒 織 織 織 織

18画

読み方
音 シキ
ショク
訓 おる

使い方
組織
織物
織り
手織り

部首　いとへん
書こう　織

1 □に漢字を書きましょう。

一つ4点【40点】

① 厚手の ［もうふ］。

② 大きな ［ぬの］ を切る。

③ ［てんけい］ 的

④ ［かたがみ］ を作る。

⑤ ［きぜつ］ する

⑥ 連らくを ［たつ］。

⑦ ［わたげ］ が飛ぶ。

⑧ 白い ［わたぐも］。

⑨ 会社の ［そしき］。

⑩ ぬのを ［おる］。

クイズ
部首が同じ漢字はどれとどれかな？
① 布 ② 綿 ③ 常

② 火をたく（　　）ためのどうぐ。
（　　　　　　　　）

① 機械でぬのをおる。
（　　　　　　　　）

3 ――の言葉を、漢字と送りがな（　）に書きましょう。 1つ2点【12点】

⑪ □□の機会。

⑨ 羊毛の□□。

⑦ □□□のが□た。

⑤ □□りの□の。

③ 密□□に点けんする。
＊みっせつ…くっついてはなれないようす…すきまなく

① 車の模□をかく。

⑫ 仏像の□□を作る。
＊けしき…けはい…けた…

⑩ □□的に行動する。

⑧ □□をしむ。

⑥ 動物の□□。
＊ずかん…えをたくさんのせてせつめいした本…

④ □□に成功する。

② □□□す。

2 □にあてはまる漢字を書きましょう。 1つ4点【48点】

1 □にあてはまる漢字を書きましょう。

1つ4点【40点】

① 法律の　　　　　　。
＊いうう…法律など
を広く国民に知
らせること。

② パスポートを　　　　する。

③ 　　　　を負う。

④ 　　　　を発揮する。

⑤ 　　　　がだまる。

⑥ 成分の　　　　。

⑦ 　　　　にはげむ。

⑧ 未来を　　　　する。

⑨ 　　　　がよくなる。

⑩ 　　　　のとれた体。
＊やんせい…つりあい。

2 ──の言葉を、漢字と送りがなで（　　）に書きましょう。

1つ4点【12点】

① 小さな商店を<u>いとなむ</u>。

（　　　　　　）

② 知識が<u>まずしい</u>。

（　　　　　　）

③ 日本は森林の<u>ゆたかな</u>国だ。

（　　　　　　）

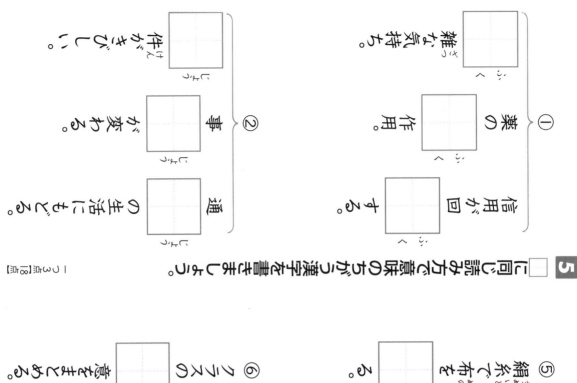

5 □に同じ読み方で意味のちがう漢字を書きましょう。 [1つ3点/18点]

① 薬の□作用。
　信用が回□する。
　雑□な気持ち。

② 事□が変わる。
　通□の生活にもどる。
　伴□わない。

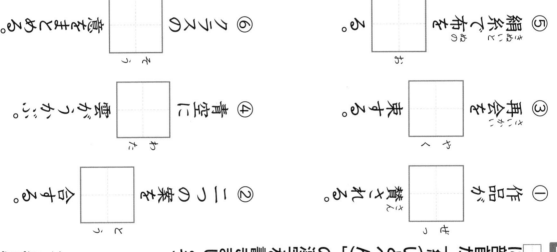

4 □に部首が「糸(いとへん)」の漢字を書きましょう。 [1つ3点/18点]

① 作品が□される。
② 二つの案を□合する。
③ 再会を□束する。
④ 青空に□がうかぶ。
⑤ 絹糸で布を□る。
⑥ クラスの□意をまとめる。

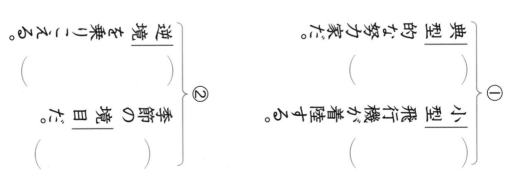

3 ──の漢字の読みがなを書きましょう。 [1つ2点/12点]

①｛
　典型的な努力家だ。（　　　）
　小型飛行機が着陸する。（　　　）
｝

②｛
　逆境を乗り切る。（　　　）
　季節の境目だ。（　　　）
｝

構

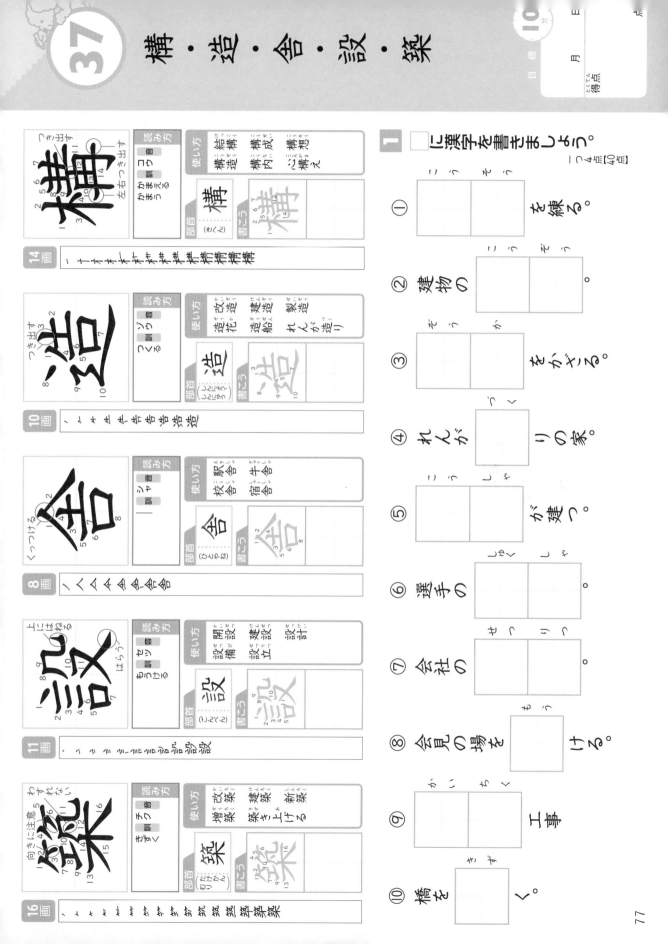

読み方
音 コウ
訓 かまえる・かまう

使い方
結構・構想・構成・構内・構造・構え

部首 木（きへん）

14画 一 十 才 才 才 才 桂 桂 桂 桂 桂 構 構 構

造

読み方
音 ゾウ
訓 つくる

使い方
改造・造花・造船・れんが造り・製造・造り

部首 辶（しんにょう・しんにゅう）

10画 ノ 丿 十 止 丹 告 告 浩 造 造

舎

読み方
音 シャ
訓 ―

使い方
校舎・駅舎・宿舎・牛舎

部首 人（ひとやね）

8画 ノ 人 个 个 会 会 舎 舎

設

読み方
音 セツ
訓 もうける

使い方
設備・設開・建設・設立・設計

部首 言（ごんべん）

11画 ` 二 言 言 言 計 許 設 設

築

読み方
音 チク
訓 きずく

使い方
改築・増築・築き上げる・建築・新築

部首 竹（たけかんむり）

16画 ノ 个 个 竹 竹 竹 笁 笁 筑 筑 筑 築 築 築 築

---

1 □に漢字を書きましょう。

一つ4点【40点】

① ［こう］［ぞう］を練る。

② 建物の［こう］［ぞう］。

③ ［ぞう］［か］をかざる。

④ れんが［づく］りの家。

⑤ ［こう］［しゃ］が建つ。

⑥ 選手の［しゅく］［しゃ］。

⑦ 会社の［せつ］［りつ］。

⑧ 会見の場を［もう］ける。

⑨ ［かい］［ちく］工事

⑩ 橋を［きず］く。

クイズ

「舎」の部首はどれかな？

①「へ」ひとやね ②「土」つち ③「口」くち

---

3 ——の言葉を、漢字と送りがなで（ ）に書きましょう。 ［1問5点］［15点］

③ 屋上に天文台を<u>つくる</u>。

（ 　　　　 ）

② 列車に向けてカメラを<u>かまえる</u>。

（ 　　　　 ）

① 市内に公園を<u>つくる</u>。

（ 　　　　 ）

---

2 □にあてはまる漢字を書きましょう。 ［1問5点］［45点］

⑨ ＊前のところ……の準備を行う

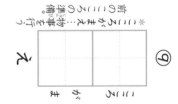

⑦ 友好関係を
　　　　。

⑤ 図をかく。

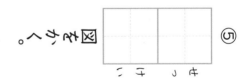

③ ＊な品物
　（＊について……できます。）

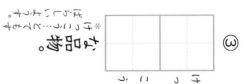

① 工事

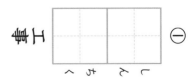

⑧ の気もち（ちほり）。

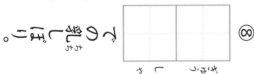

⑥ 所を見学する。

④ 事務所をする。

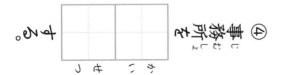

② ホーム横の

損

読み方
音 ソン
訓 （そこ）なう
（そこ）ねる
はねる

使い方
損失 損得 損害
損得 得 益 損害
破損 損害

部首 損（てへん）

書こう 損

13画 一 十 扌 扌 扩 扩 捐 捐 捐 捐 損 損 損

益

読み方
音 エキ
ヤク
訓
長く

使い方
益虫 益鳥 収益
無益 有益 利益

部首 益（さら）

書こう 益

10画 ` ソ ソ メ 大 だ 𢀽 益 益 益

貸

読み方
音 タイ
訓 か（す）
平たく

使い方
貸家 貸し
貸し切り 貸し出し
貸し借り

部首 貸（かい・こがい）

書こう 貸

12画 ノ イ イ 代 代 代 件 侪 侪 貸 貸 貸

費

読み方
音 ヒ
訓 つい（やす）
つい（える）
はねる

使い方
会費 学費 交通費
消費 費用 旅費

部首 費（かい・こがい）

書こう 費

12画 一 ニ 马 弗 弗 弗 曹 曹 曹 曹 費 費

資

読み方
音 シ
訓
平たく

使い方
資格 資金 資源
資料 資質 投資

部首 資（かい・こがい）

書こう 資

13画 ` ` ゛ 次 次 次 咨 咨 资 資 資 資

1 □に漢字を書きましょう。
一つ4点【40点】

① 大きな ［そん］［がい］。

② ［そん］［とく］ ぬき

③ ［り］［えき］ を上げる。

④ ［む］［えき］ な争い。

⑤ ［か］ し切りの会場。

⑥ 本を ［か］ す。

⑦ ［かい］［ひ］ をはらう。

⑧ ［ひ］［よう］ がかかる。

⑨ ［し］［きん］ 集め

⑩ 天然 ［し］ 源。

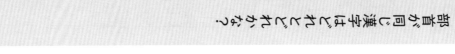

クイズ
①損 ②賃 ③貴
部首が同じ漢字はどれとどれかな？

2 □にあてはまる漢字を書きましょう。
1つ4点【60点】

① 調理師の□□。

② 本は□□だ。

③ □□を出す。

④ 生産と□□。

⑤ □□借りをする。

⑥ □□は人ともだ。

⑦ 研究□□。

⑧ □□な話を聞く。

⑨ □□の計算。
＊べんり……そろばんなどでの計算。

⑩ □□をおさめる。

⑪ 友達に本を□□す。

⑫ 指導者の□□。
＊しどうしゃ……おしえみちびく人。

⑬ □□をかせぐ。

⑭ 眼鏡が□□する。
＊きのうする……やくだつ性能がある。

⑮ □□は。だ
＊えいよう……食べものにふくまれて、生活に役立つもの。

⑥の「えいよう」は、人間の生活に役立つものだよ。

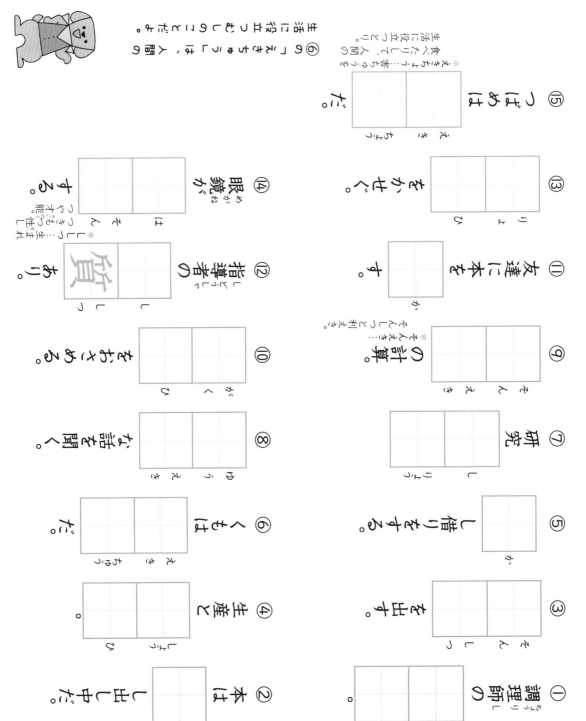

貿・易・留・際・輸

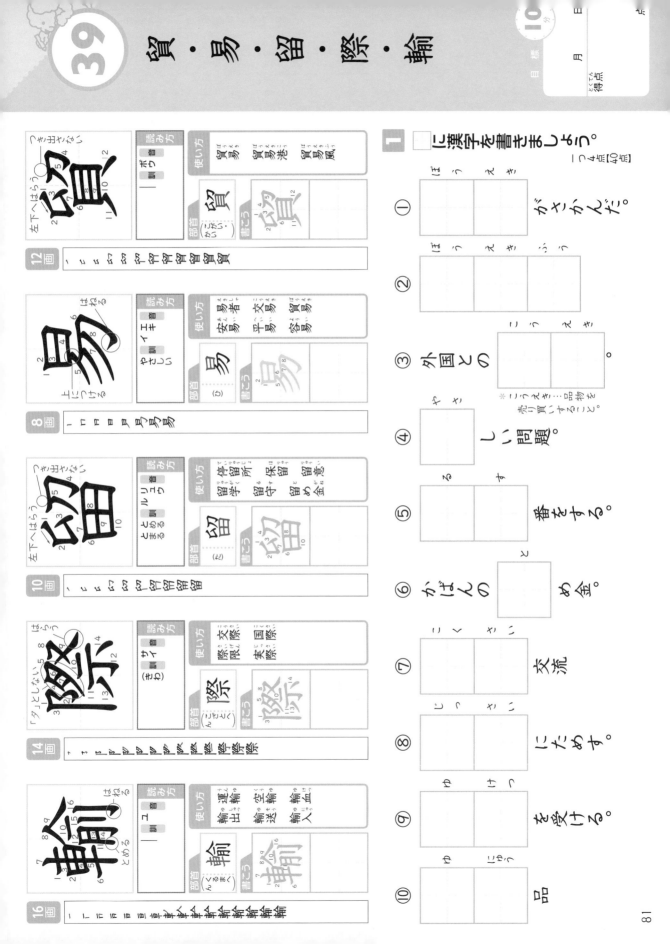

貿

読み方
音 ボウ
訓 —

使い方
貿易
貿易港
貿易風

部首 （かい・こがい）

12画　１ ⺊ ⺌ ⺍ ⺋ ⺋ ⺋ 貿 貿 貿 貿 貿

左下へはらう／つき出さない

易

読み方
音 エキ・イ
訓 やさしい

使い方
安易
平易
容易
貿易
易者
交易
貿易

部首 （ひ）

8画　１ ⼝ ⽇ ⽉ 易 易 易

はねる／上につける

留

読み方
音 リュウ・ル
訓 とめる・とまる

使い方
留学
停留所
留守
保留
留め金
留意

部首 （た）

10画　１ ⺋ ⺋ ⺋ ⺋ ⽜ 留 留 留 留

左下へはらう／つき出さない

際

読み方
音 サイ
訓 （きわ）

使い方
際限
交際
国際
実際に

部首 （こざとへん）

14画　１ ３ ⻖ ⻖ ⻖ ⻖ ⻖ 際 際 際 際 際 際 際

「ク」としない／はらう

輸

読み方
音 ユ
訓 —

使い方
運輸
輸出
空輸
輸送
輸入
輸血

部首 （くるまへん）

16画　１ ⼆ ⼫ ⾞ ⾞ ⾞ ⾞ 輸 輸 輸 輸 輸 輸 輸 輸 輸

はねる／とめる

---

1 □に漢字を書きましょう。
〔一つ4点【40点】〕

① □□（ぼう・えき）が さかんだ。

② □□□（ぼう・えき・しょう）

③ 外国との □□（ぼう・えき）。
　※ぼうえき…品物を売り買いすること。

④ □（やさ）しい問題。

⑤ □□（る・す）番をする。

⑥ かばんの □（と）め金。

⑦ □□（こく・さい）交流

⑧ □□（じっ・さい）にためす。

⑨ □□（ゆ・けつ）を受ける。

⑩ □□（ゆ・にゅう）品

クイズ

「易」を「えき」と読むのはどれかな？
① 容易　② 安易　③ 交易

② これはとても□い問題ではない。
（　　　　　）

① 一枚の絵が目にとまる。
（　　　　　）

3 ──の言葉を、漢字と送りがな（　　）に書きましょう。　【1つ12点】

⑪ 物資の□□。
　※ひこうき……人や物を飛行機で運ぶこと。

⑨ □に あてる。

⑩ □□業に従事する。

⑧ 健康に□□する。
　※こころがける……気をつける

⑦ □□□□る。

⑤ □□が増える。

⑥ 額が大き□□に。

③ □□□な問題。

① □□□を続ける。

② 返答を□□する。

④ □□□がない□□に。

⑫ □□□からない。

2 □にあてはまる漢字を書きましょう。　【1つ4点】

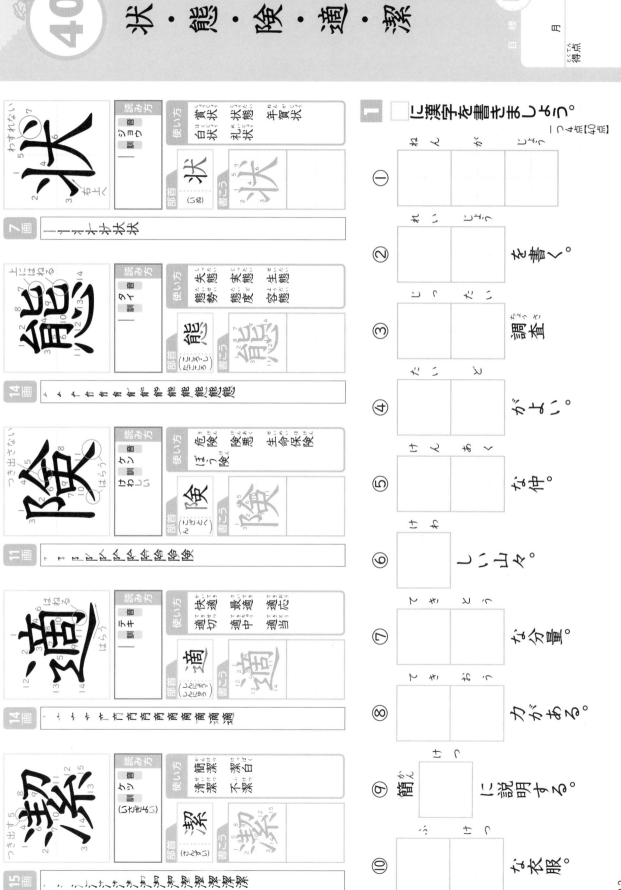

40 状・態・険・適・潔

状

読み方	
音	ジョウ
訓	

わすれない

使い方
白状する
礼状
賞状
年賀状
実態
容態

部首 いぬ
書こう 状

7画 丬 丬 丬 状 状

態

読み方	
音	タイ
訓	

上にはねる

使い方
態勢
態度
失態
実態
生態

部首 こころ
書こう 態

14画 ム 自 自 自 自 肯 能 能 能 態 態 態

険

読み方	
音	ケン
訓	けわしい

つき出さない
はらう

使い方
危険
険悪
保険
生命保険

部首 こざとへん
書こう 険

11画 丿 丆 阝 阝 阝 阾 阾 険 険

適

読み方	
音	テキ
訓	

はねる
はらう

使い方
快適
適切
最適
適中
適当
適応

部首 しんにょう
書こう 適

14画 丿 冂 冂 啇 啇 啇 商 商 商 商 滴 適

潔

読み方	
音	ケツ
訓	いさぎよい

つき出す

使い方
清潔
潔白
不潔
簡潔

部首 さんずい
書こう 潔

15画 氵 氵 氵 氵 汀 汀 沪 沪 沪 潔 潔 潔 潔 潔

1 □に漢字を書きましょう。

【一つ4点／40点】

① ねんがじょう

② れいじょう を書く。

③ じったい 調査

④ たいど がよい。

⑤ けんあく な仲。

⑥ けわしい山々。

⑦ てきとう な分量。

⑧ てきおう 力がある。

⑨ 簡 けつ に説明する。

⑩ ふけつ な衣服。

83

クイズ

① 相「□」と
② 最「□」の
③ 通□に共通して入る漢字はどれかな？

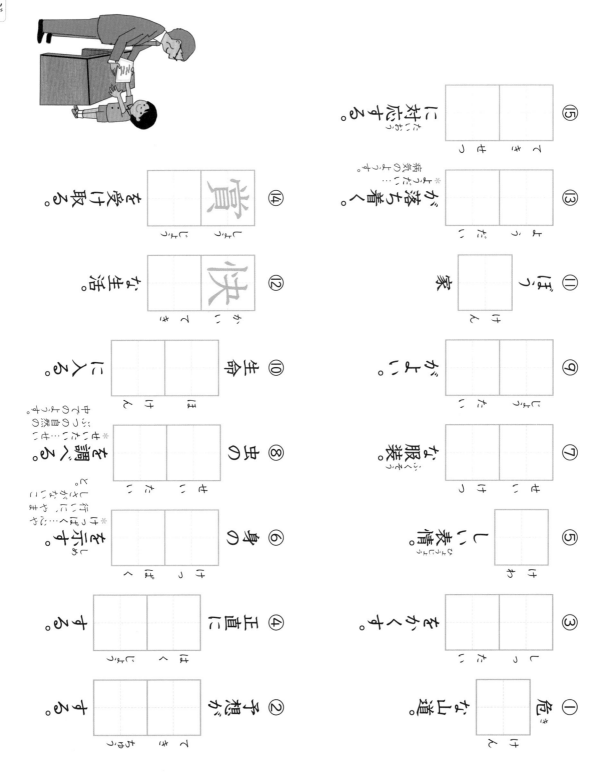

2

□にあてはまる漢字を書きましょう。
一つ4点【60点】

① 危（き）□な山道。 〔けん〕

② 予想が□□する。 〔てき・ちゅう〕

③ □□をかくす。 〔し・たい〕

④ 正直に□□する。 〔はく・じょう〕

⑤ □しい表情。 〔けわ〕

⑥ 身の□□を示す。 ※しめす。「しめし」ではない行います。 〔けつ・ぱく〕

⑦ □□な服装。 〔せい・けつ〕

⑧ 虫の□□を調べる。 ※「せいたい」は、すべての生き物のこと。 〔せい・たい〕

⑨ □□がよい。 〔しょう・たい〕

⑩ 生命□□に入る。 〔は・けん〕

⑪ □家 〔ほう・けん〕

⑫ 快□□な生活。 〔てき〕

⑬ □□が落ち着く。 ※病気のようす。 〔よう・だい〕

⑭ 賞□□を受け取る。 〔じょう〕

⑮ □□に対応する。 〔てき・せつ〕

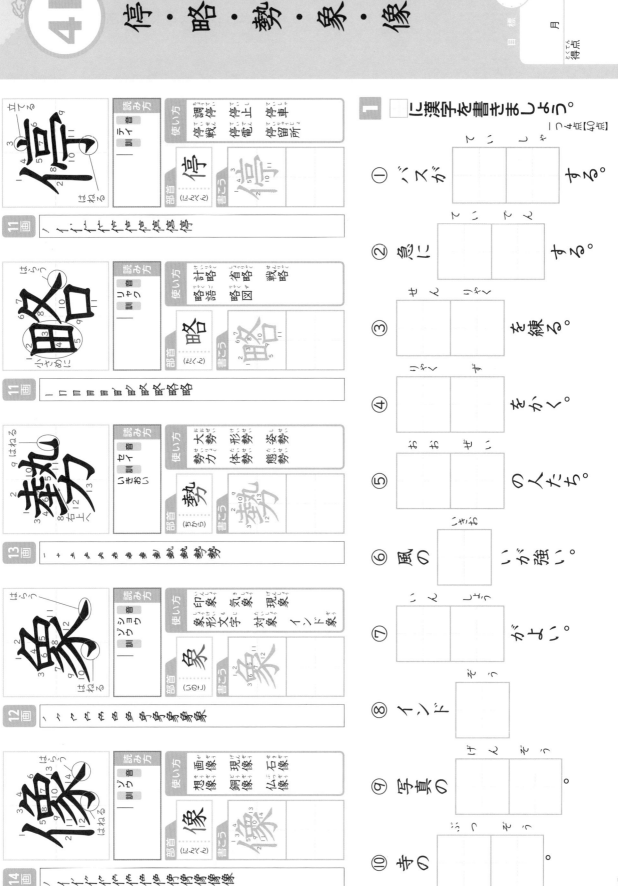

停

読み方
音 テイ
訓

使い方
停車
停止
停電
停留所
調停

部首 イ（にんべん）

11画 ノ イ イ イ 停 停 停 停 停 停 停

略

読み方
音 リャク
訓

使い方
戦略
省略
略図
計略
略語

部首 田（たへん）

11画 一 口 田 田 田 田 助 助 略 略

勢

読み方
音 セイ
訓 いきおい

使い方
姿勢
態勢
形勢
体勢
大勢
勢力

部首 力（ちから）

13画 一 十 土 未 去 坴 坴 埶 埶 執 勢 勢 勢

象

読み方
音 ショウ ゾウ
訓

使い方
印象
象形文字
気象
対象
現象
インド象

部首 豕（いのこ）

12画 ノ ワ ケ タ 缶 缶 免 象 象 象 象 象

像

読み方
音 ゾウ
訓

使い方
画像
想像
現像
銅像
石像
仏像

部首 イ（にんべん）

14画 ノ イ イ イ 伊 伊 伊 停 停 停 停 像 像 像

1 □に漢字を書きましょう。
一つ4点【40点】

① バスが ［ていしゃ］ する。

② 急に ［ていでん］ する。

③ ［せんりゃく］ を練る。

④ ［りゃくず］ をかく。

⑤ ［おおぜい］ の人たち。

⑥ 風の ［いきおい］ が強い。

⑦ ［いんしょう］ がよい。

⑧ インド ［ぞう］ 。

⑨ 写真の ［げんぞう］ 。

⑩ 寺の ［ぶつぞう］ 。

クイズ

画数が同じ漢字は ① 略 ② 象 ③ 停
①・②・③はどれとどれかな？

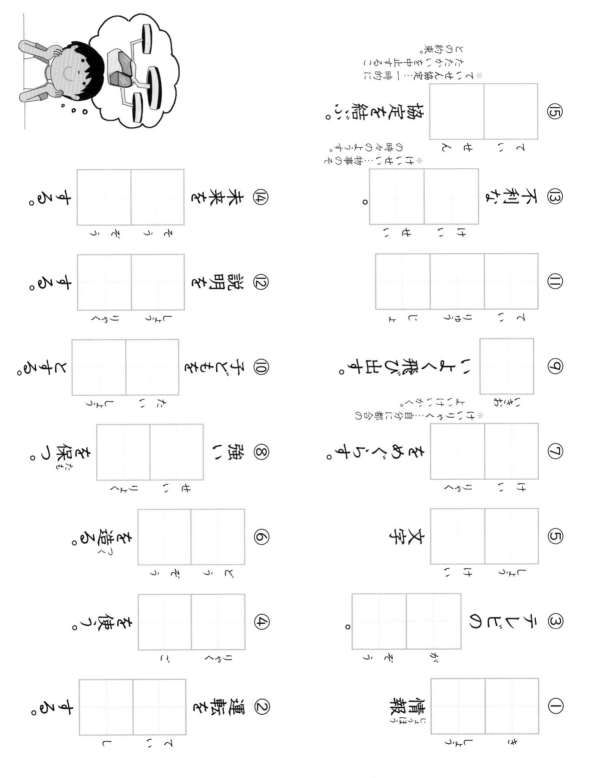

2 □にあてはまる漢字を書きましょう。

二年 [名前]　　　一もん4てん【100点】

① 情報を　□□。

② 運転を　□□　する。

③ テレビの　□□　が。

④ □□　を使う。

⑤ □□　文字

⑥ □□　を造る。

⑦ □□　をすくう。
※□□…自分の都合の
よいようにすること。

⑧ □□　に強い。　保つ

⑨ □□　が飛び出す。

⑩ 子どもを　□□　とする。

⑪ □□

⑫ 説明を　□□　する。

⑬ 不利な　□□。
※□□…その時々の物事を
よいほうにすること。

⑭ 未来を　□□　する。

⑮ 協定を結ぶ。　□□
※□□…たがいに協定して
きめること。一時的に中止する
という約束。

86

1 □にあてはまる漢字を書きましょう。　一つ4点【40点】

① 【じっさい】に試みる。

② 【　　】な温度。

③ 【けっそん】が出る。
※けっそん…お金でそんをすること。

④ 【えきしゃ】で電車を待つ。

⑤ 【　　】に合意する。

⑥ 体を【せいけつ】にする。

⑦ 経営【さんけん】

⑧ 【じょうたい】が好転する。

⑨ 荷物の【ゆそう】。

⑩ 体育館を【しんちく】する。

2 ——の言葉を、漢字と送りがな（　）に書きましょう。　一つ4点【12点】

① これがおこなうスタートだ。　（　　　　　）

② 庭に小さな池をもうける。　（　　　　　）

③ けわしい顔で話しかける。　（　　　　　）

5 □に同じ読み方で意味のちがう漢字を書きましょう。 【1つ3点】18点】

①
自転車を改□する。（ぞう）
□が建つ。（ぞう）
□を見る。（ぞう）

②
大きな□を得る。（えき）
二国間の□。（えき）
血□検査を受ける。（えき）

4 □に部首が「貝（かい・こがい）」の漢字を書きましょう。 【1つ3点】18点】

① 交通□がかかる。（ひ）
② □に力を入れる。
③ □に負けない。（す）
④ 本を□し出す。（か）
⑤ □源を大切にする。（し）
⑥ □物列車が通る。（か）

3 ——の漢字の読みがなを書きましょう。 【1つ2点】12点】

①
受験の構えについて話す。（　　　）
作文の構想を練る。（　　　）

②
留めた金を取り付ける。（　　　）
海外留学を目指す。（　　　）

賞・賛・快・評・義

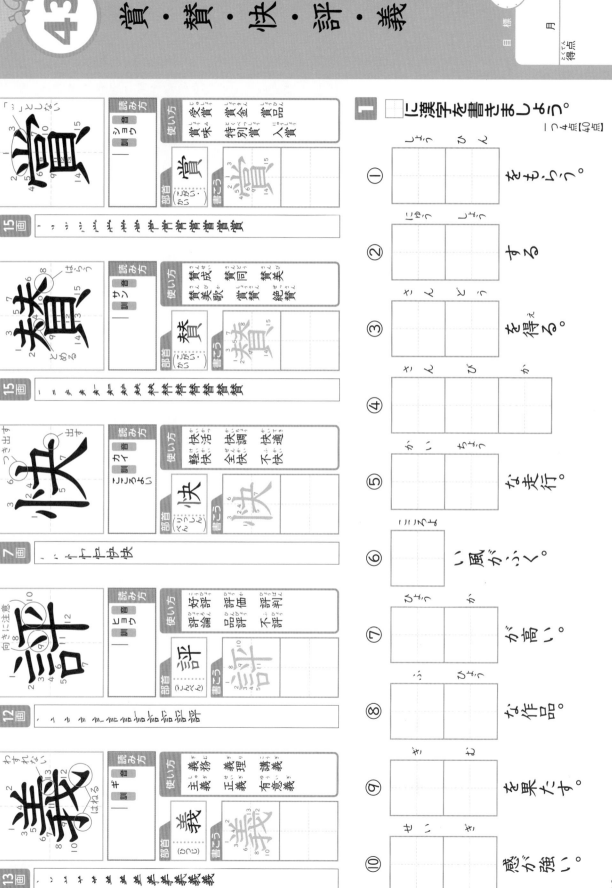

賞

読み方　音 ショウ　訓 ー

使い方　受賞　賞金　賞品　賞味　特別賞　入賞

部首 かい（かいへん）

15画　｜ ｜ ｜ ｜｜ ｜｜｜ 严 严 肖 肖 肖 肖 肖 賞 賞

賛

読み方　音 サン　訓 ー

使い方　賛成　賛同　賛美　賛美歌　賛同　絶賛

部首 かい（かいへん）

15画　一 二 丰 夫 夫 夫 妹 妹 替 替 替 替 替 賛 賛

快

読み方　音 カイ　訓 こころよい

使い方　軽快　快活　快調　快適　全快　不快

部首 りっしんべん

7画　、 ハ 忄 忙 快 快 快

評

読み方　音 ヒョウ　訓 ー

使い方　好評　評価　評判　評論　評判　不評

部首 ごんべん

12画　、 二 主 言 言 言 言 訂 評 評 評 評

義

読み方　音 ギ　訓 ー

使い方　義務　義理　講義　主義　正義　有意義

部首 ひつじ

13画　、 二 三 丰 美 美 美 美 義 義 義 義 義

---

1 □に漢字を書きましょう。

一つ4点【40点】

① [しょう][ひん] をもらう。

② [にゅう][しょう] する

③ [さん][どう] を得る。

④ [さん][び][か]

⑤ [かい][ちょう] な走行。

⑥ [こころよ]い風がふく。

⑦ [ひょう][か] が高い。

⑧ [ふ][ひょう] な作品。

⑨ [ぎ][む] を果たす。

⑩ [せい][ぎ] 感が強い。

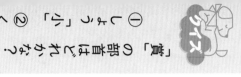

② □にあてはまる漢字を書きましょう。 一つ4点【60点】

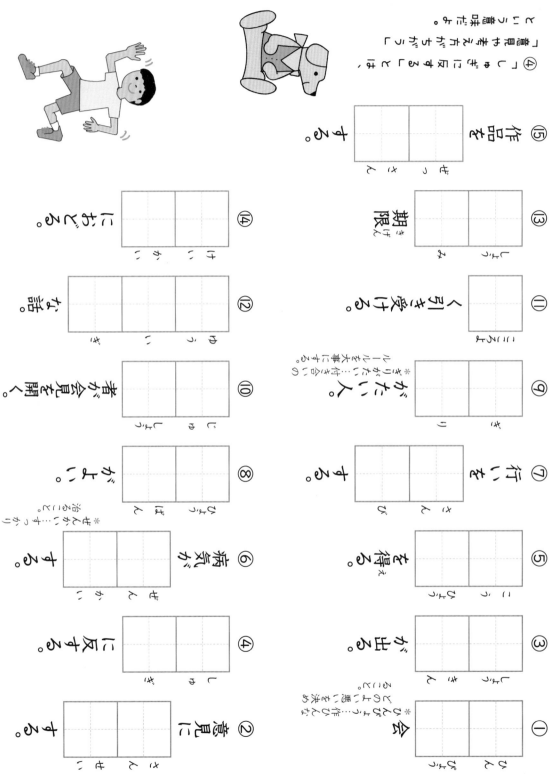

⑮ 作品を □□ する。
（せ／ん）

⑬ □□ 期限。
（み／しん）

⑭ □□ におよぶ。
（け／い／い）

⑪ □ を引き受ける。
（こころ）

⑫ □□□ な話。
（ゆ／い／き）

⑨ □□ した人。
＊「……のようにした」このようにした人が大事件をおこす。

⑩ □□□者が会見を開く。
（し／ゆ／し）

⑦ □□□ を行う。
（さ／ん／び）

⑧ □□□ がよい。
（は／び／と）

⑤ □□ を得る。
（り／えき）

⑥ 病気が □□ する。
＊「……がなおること」治るといい。

③ □□□ が出る。
（し／せ／ん）

④ □□□ に反する。
（き／ゆ／し）

① 会 □□□
＊「……のような作ひん」……このような作品に決まった。
（ひ／ん／けつ）

② 意見に □□□ する。
（さ／ん／せい）

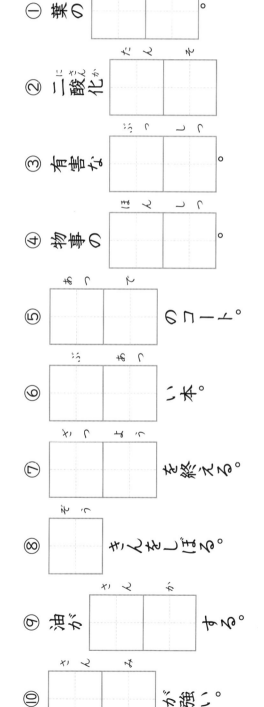

1 □に漢字を書きましょう。
一つ4点【40点】

① 薬の □□（しきそ）。

② 二酸化 □□（たんそ）

③ 有害な □□（ぶっしつ）

④ 物事の □□（ほんしつ）

⑤ □□（あつで）のコート。

⑥ □□（ぶあつ）い本。

⑦ □□（ざつよう）を終える。

⑧ □（ぞう）きんをしぼる。

⑨ 油が □□（さんか）する。

⑩ □□（さんみ）が強い。

クイズ
「雑」を「ぞう」と読むのはどれかな？
① 雑用
② 複雑
③ 雑木林

2 □にあてはまる漢字を書きましょう。

一つ4点【60点】

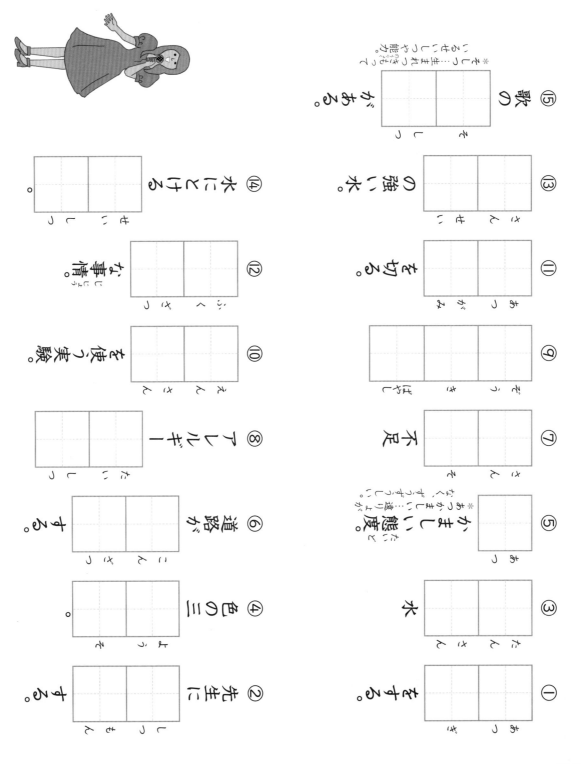

① □□をする。

② 先生に□□する。

③ □□水

④ 色の三□□

⑤ □□な態度。
※かまえること……たいど。

⑥ 道路が□□する。

⑦ □□不足

⑧ □□ギー

⑨ □□□

⑩ □□を使う実験。

⑪ □□を切る。

⑫ □□な事情。

⑬ □□の強い水。

⑭ 水に□□ける。

⑮ 歌の□□がある。
※このこと……さいのうをいかしてしごとにいきる能力。

45 脈・眼・採・飼・額

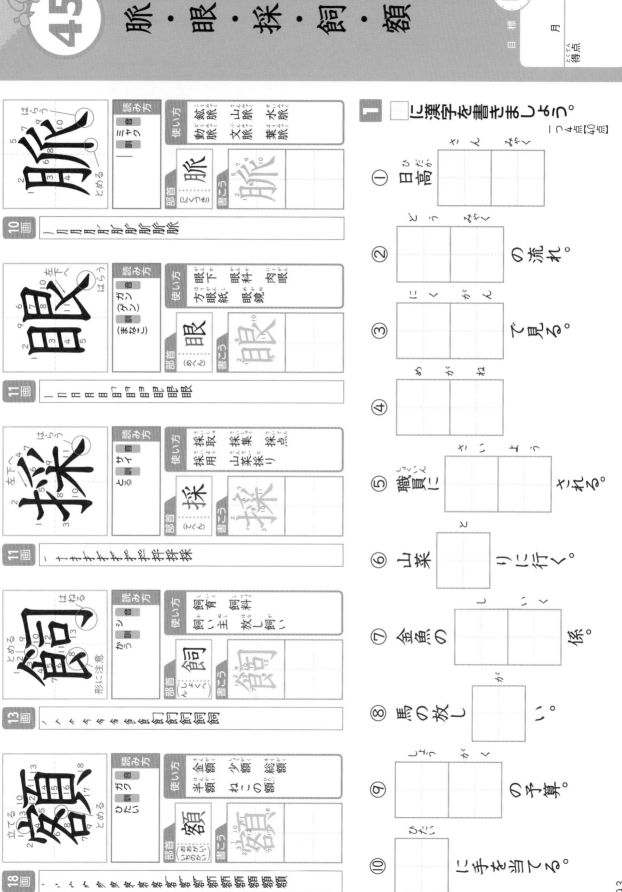

脈 はらう とめる
読み方 音ミャク 訓
使い方 動脈／文脈／山脈／漢字の脈／水脈
部首 月(にくづき)
10画 ） 月 月 月 肵 肵 脈 脈

眼 はらう 左下へ
読み方 音ガン（ゲン） 訓（まなこ）
使い方 眼下／眼鏡／眼科／肉眼／眼紙
部首 目(めへん)
11画 一 口 日 日 目 目 目 目 即 眼 眼

採 はらう 左下へ
読み方 音サイ 訓とる
使い方 採用／山菜採り／採集／採点／採取
部首 扌(てへん)
11画 一 十 扌 扌 扌 扩 抟 採 採 採 採

飼 はねる とめる
読み方 音シ 訓かう
使い方 飼育／飼い主／飼料／放し飼い
部首 飠(しょくへん)
形に注意
13画 ） ク ヶ 今 今 拿 拿 拿 拿 拿 飼 飼 飼

額 立てる とめる はねる
読み方 音ガク 訓ひたい
使い方 半額／金額／少額／総額／ねこの額
部首 頁(おおがい)
18画

1 □に漢字を書きましょう。
一つ4点【40点】

① 日高□□（さん みゃく）

② □□の流れ（どう みゃく）

③ □□で見る（にく がん）

④ □□（め がね）

⑤ 職員に□□される（たい ちょう）

⑥ 山菜□りに行く（と）

⑦ 金魚の□□係（し いく）

⑧ 馬の放し□い（が）

⑨ □□の予算（そう がく）

⑩ □に手を当てる（ひたい）

① 脈
② 採
③ 眼
画数が同じ漢字はどれとどれかな？

答え ▶ 111ページ

3 ──の言葉を、漢字と送りがなで（　）に書きましょう。 1つ6点【12点】

① 家で小鳥を──っていた。

（　　　　　　）

② 検査のために血液を──る。

（　　　　　　）

2 □にあてはまる漢字を書きましょう。 1つ4点【48点】

① テストの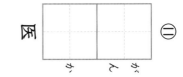。

③ が大に。

⑤ を観察する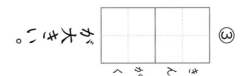。

⑦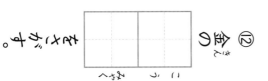

⑨ セール

⑪ 医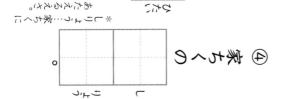

② に広がる景色。

④ 家ち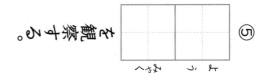の

⑥ ねこの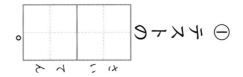。

⑧ 子犬が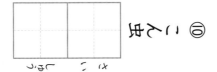。

⑩ こん虫の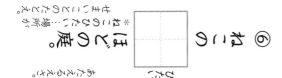。

⑫ 金の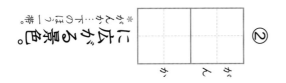。

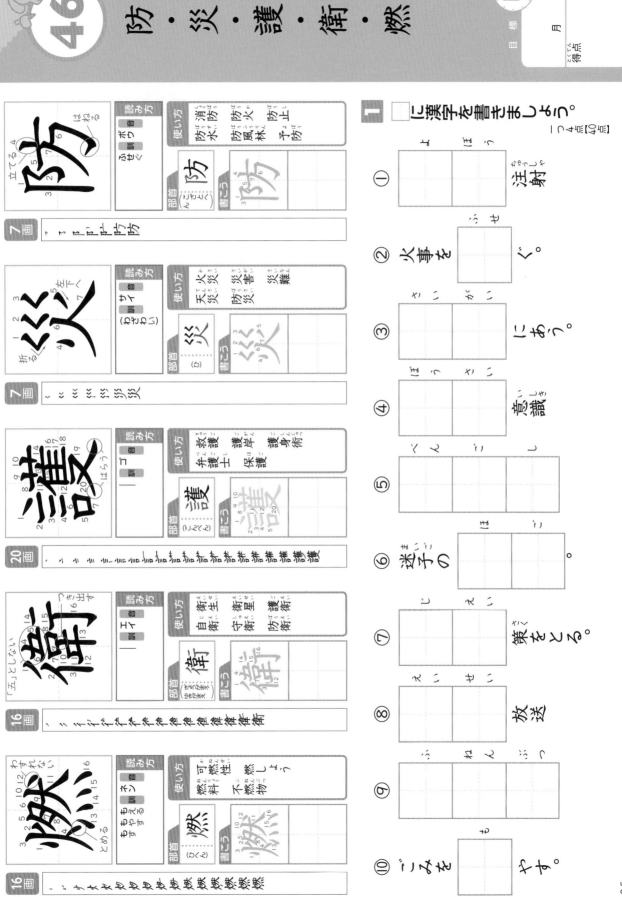

1 □に漢字を書きましょう。
一つ4点【40点】

① ［よ　ほう］　注射

② 火事を　［ふせ］　ぐ。

③ ［さい　がい］　にあう。

④ ［ぼう　さい］　意識を

⑤ ［べん　ご　し］

⑥ 迷子の　［ほ　ご］　。

⑦ ［たい　さく］　策をとる。

⑧ ［えい　せい］　放送

⑨ ［ふ　ねん　ぶつ］

⑩ ごみを　［も］　やす。

クイズ
部首が同じ漢字はどれとどれかな？
① 術
② 衛
③ 復

② 事故にそなえる。
（　　　　　）

① たき火で枝をもやす。
（　　　　　）

3 ──の言葉を、漢字と送りがな（　）に書きましょう。 1つ6点【12点】

⑪ 報知器
□□　しは

⑨ □□□　にしはじ

⑦ 希望に□える。
□　も

⑤ 工場の□□□□。
□□　しいし

③ □□□に備える。
□□□　ほうふこ

⑫ 正当
□□　ほうい

⑩ 団体
□□　りんねう

⑧ 土の仕事。
□□　しょほう

⑥ □□工事
□□　いがん

④ □□□のガス。
□□□　かねせい

② □□□に気をつける。
□□　えせい

2 □にあてはまる漢字を書きましょう。 1つ4点【48点】

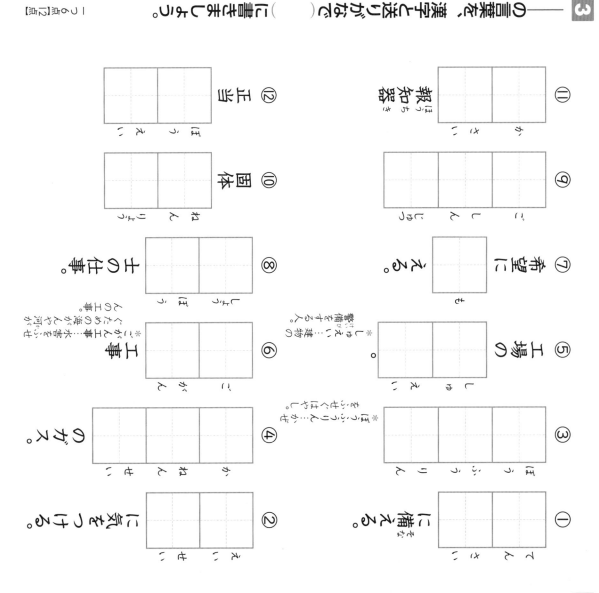

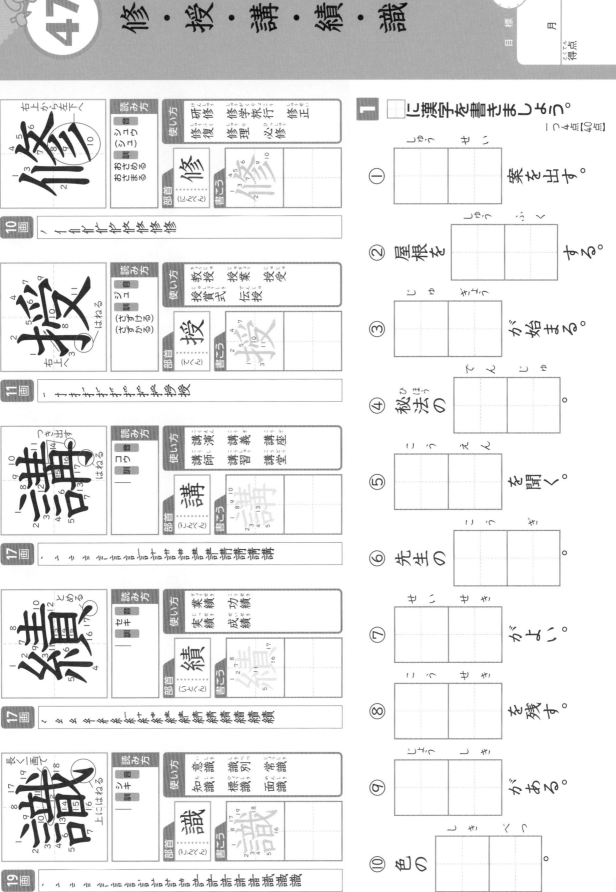

1 □に漢字を書きましょう。
一つ4点【40点】

① しゅう せい 案を出す。

② 屋根を しゅう ふく する。

③ じゅ ぎょう が始まる。

④ 秘法の でん じゅ 。

⑤ こう えん を聞く。

⑥ 先生の こう ぎ 。

⑦ せい せき がよい。

⑧ じっ せき を残す。

⑨ じょう しき がある。

⑩ 色の し き べつ 。

クイズ

研「□」と
① 修「□」と
② 経「□」の
③ 調「□」に共通して入る漢字はどれかな？

2 □にあてはまる漢字を書きましょう。

1つ4点【60点】

⑮ 英語の □□ 。

⑬ □□ 科目

⑪ *仕事などの成果…
　　 □□ を積む。

⑨ 旅行 □□

⑦ □□ に集まる。

⑤ 学問を □ める。

③ *研究などの仕事。
　　 □□ が上がる。

① 大学の □□ 。

⑭ □□□ に比べる。

⑫ 危機 □ が高い。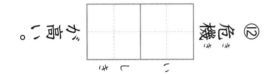

⑩ □□ を受ける。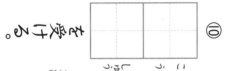

⑧ *相手に…知らせること
　　 □□ がある。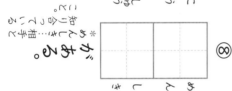

⑥ 算数の □□ 。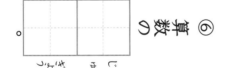

④ はば広い □□ 。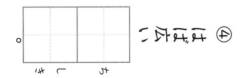

② 時計を □□ す。

⑤「なおす」には、「自分のものにする」という意味があります。

1 □にあてはまる漢字を書きましょう。　1つ4点【40点】

① 歴史（れきし）の ［りう｜き］ 。

② ［しょう｜さん］ を受け取る。

③ 生物学の ［ちょう｜しゅ］ 。

④ タイトルを ［ほう｜えい］ する。

⑤ ［あつ｜がみ］ の箱。

⑥ ［がん｜か］ の景色を見る。

⑦ ［ふく｜ざつ］ な事情（じじょう）。

⑧ ［しつ｜そ］ なくらし。

⑨ ［せい｜せき］ が上がる。

⑩ ［すい｜みゃく］ を見つける。
＊すいみゃく…地下のみずの流れ。

2 ——の言葉を、漢字と送りがな（　）に書きましょう。　1つ4点【12点】

① 池で金魚をかう。（　　　　　　　）

② 使命感にもえる。（　　　　　　　）

③ 武道（ぶどう）をおさめる。（　　　　　　　）

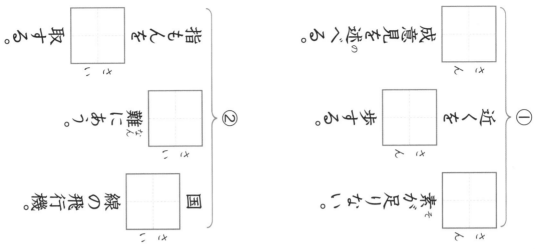

5 □に同じ読み方で意味のちがう漢字を書きましょう。 1つ3点【18点】

① 成□意見を述べる。
　近くを□歩する。
　□素が足りない。

② 指もとを□取する。
　□難にあう。
　国□線の飛行機。

4 □に同じ部首が「　」、「（　）」の漢字を書きましょう。 1つ3点【18点】

① 感□の気持ち。
③ 備が□整える。
⑤ □価を得る。
② けがをした人を□救する。
④ 道路標□を確かめる。
⑥ 品質を□保する。

3 ——の漢字の読みがなを書きましょう。 1つ2点【12点】

①
　総額を計算する。（　　　）
　額におせかへ。（　　　）

②
　快調だ。（　　　）
　心身ともに。（　　　）
　快く引き受ける。（　　　）

名前

15分

目標

月

得点

1 同じ読み方をする漢字を、それぞれ□に書きましょう。 1つ3点【36点】

① テイ
- ㋐ □車
- ㋑ □案

② ソ
- ㋐ □水
- ㋑ 父母□

③ セキ
- ㋐ □任感
- ㋑ 業□

④ ヒ
- ㋐ 対□
- ㋑ 化学□料

⑤ キョ
- ㋐ □任地
- ㋑ □可か

⑥ フ
- ㋐ □毛
- ㋑ □人服

2 次の各組の■には同じ部首が入ります。あてはまる部首を、それぞれ〔　〕に書きましょう。 1つ2点【16点】

① 支・汝・各〔　　〕

② 令・咯・柒〔　　〕

③ 竟・同・汞〔　　〕

④ 勺・竟・曽〔　　〕

⑤ 所・尚・柒〔　　〕

⑥ 主・寺・复〔　　〕

⑦ 千・貝・半〔　　〕

⑧ 土・真・勺〔　　〕

ソ フ サ
ン ク キ
、 、 、
ゲ ジ
ン ュ ュ
、 、 、
ウ イ ュ
ウ

4 反対の意味の漢字を組み合わせてできた熟語になるように、□にあてはまる漢字を、□に一字ずつ直して□に書きましょう。 【1つ4点/24点】

④増す ①新

⑤ □ ② □

⑥夫 ③往

3 次の言葉を、それぞれの文に合うように熟語で書きましょう。 【1つ3点/24点】

④ せい
　⑦ テスト試験紙が□□を示した。
　⑦ 多くの人がその案に□□した。

③ かて
　⑦ 成長の□□を記録する。
　⑦ もう七月に行ったと□□する。

② しじ
　⑦ 国民から多くの□□を得る。
　⑦ キャプテンの□□を受ける。

① いし
　⑦ 病院で□□の診察を受ける。
　⑦ 強い□□で夢を実現する。

名前

15分
標
月
目
得点

1 同じ読み方をする漢字を、それぞれ□に書きましょう。 一つ2点【24点】

① エイ
ア 自□業
イ □遠
ウ □星放送

② ボウ
ア □風雨
イ □易（えき）
ウ 火□訓練

③ ハン
ア 木□画
イ □罪（ざい）
ウ □断（だん）力

④ ショウ
ア □待客
イ 気□予報（よほう）
ウ □明書

2 あとの□の漢字を使って、二字の熟語を八つ作りましょう。 一つ2点【16点】

付 応 清 告 豊 省 基 質
準 略 資 寄 接 報 潔 富

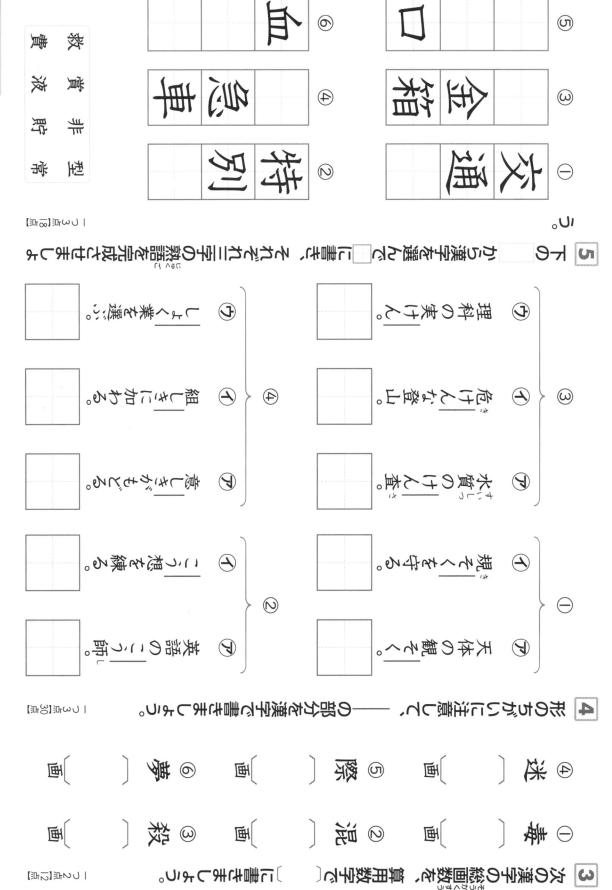

5 下の□□□から漢字を選んで□に書き、それぞれ二字の熟語を完成させましょう。
〔1つ3点／18点〕

救　貴　非　型
貴　液　貯　常

⑤ ⬜口　③ ⬜金箱　① ⬜交通

⑥ ⬜血　④ ⬜急車　② 特別⬜

③
　⑦ 理科の実⬜ん。
　④ 危⬜んな登山。
　⑦ 水質の⬜け査。

①
　⑦ 天体の観⬜く。
　④ 規⬜そくを守る。
　⑦ 英語の⬜ん師。

④
　⑦ ⬜しょく業を選ぶ。
　④ 組⬜しきに加わる。
　⑦ 意⬜しがとどく。

②
　④ ⬜しそうを練る。
　⑦ 英語の⬜ん師。

4 形のちがいに注意して、──の部分を漢字で書きましょう。
〔1つ3点／30点〕

① 毒　② 混　③ 殺
④ 迷　⑤ 際　⑥ 夢

3 次の漢字の総画数を算用数字で〔　〕に書きましょう。
〔1つ2点／12点〕

① 毒　〔　〕画　② 混　〔　〕画　③ 殺　〔　〕画
④ 迷　〔　〕画　⑤ 際　〔　〕画　⑥ 夢　〔　〕画

① 永・久・旧・再　5〜6ページ

1 ①永遠 ②永久 ③末永 ④持久力 ⑤久
　⑥旧知 ⑦旧友 ⑧再生 ⑨再来年 ⑩再
2 ①旧式 ②再会 ③再発 ④永続 ⑤永世
　⑥再来週 ⑦復旧 ⑧持久力 ⑨永住
3 ①久しい ②再び ③永い

クイズ ①と②

アドバイス
3 ①「久しい」を「久さしい」、②「再び」を「再たび」などとしないように注意しましょう。

② 示・弁・序・容　7〜8ページ

1 ①指示 ②例示 ③示 ④答弁 ⑤弁
　⑥順序 ⑦序章 ⑧序列 ⑨容 ⑩容量
2 ①提示 ②序列 ③序文 ④示 ⑤弁当
　⑥美容師 ⑦内容 ⑧弁護士 ⑨熱弁 ⑩序
　⑪順序 ⑫指示 ⑬花弁 ⑭容器 ⑮表示

クイズ ①と③

③ 犯・罪・件・非・故　9〜10ページ

1 ①犯行 ②犯罪 ③重罪 ④罪 ⑤件
　⑥用件 ⑦非行 ⑧非 ⑨故事 ⑩故人
2 ①物件 ②謝罪 ③非力 ④故 ⑤犯人
　⑥事件 ⑦無罪 ⑧知能犯 ⑨事故
　⑩非売品 ⑪非常識 ⑫件数 ⑬故 ⑭防犯
　⑮罪悪感

クイズ ②

④ 武・士・圧・殺・暴　11〜12ページ

1 ①武 ②武者 ③運転士 ④武士道 ⑤圧力
　⑥血圧 ⑦殺気 ⑧殺 ⑨暴言 ⑩暴
2 ①名士 ②殺虫 ③武器 ④暴 ⑤殺風景
　⑥高気圧 ⑦重圧 ⑧暴力 ⑨兵士
　⑩武勇伝 ⑪殺害 ⑫暴風雨

3 ①暴れ ②殺す

クイズ ①

⑤ かくにんテスト①　13〜14ページ

1 ①武力 ②罪人 ③久 ④容器 ⑤序曲
　⑥故意 ⑦水圧 ⑧非 ⑨花弁 ⑩殺人犯
2 ①示す ②暴れる ③殺し
3 ①さ・こ・は・つ・ふ・た ②す・な・が・え・じ・ゆう
4 ①暗 ②景 ③昔 ④旧 ⑤暴・暴 ⑥昭
5 ①氏・士・試 ②件・健・研

アドバイス
4 「日（ひ）」「日（ひへん）」は、「日光」「明暗」「時間」などに関係する漢字をつくります。

⑥ 在・似・居・招・慣　15〜16ページ

1 ①在校生 ②在 ③似合 ④似顔絵 ⑤住居
　⑥居間 ⑦招待 ⑧招 ⑨慣例 ⑩不慣
2 ①習慣 ②転居 ③自在 ④空似 ⑤手招
　⑥在車 ⑦長居 ⑧似合 ⑨招集
3 ①慣れる ②招く ③在る

クイズ ①と③

アドバイス
3 ③「在る」（その場所にそんざいする）と「有る」（そこにある・持っている）の使い分けに注意しましょう。

⑦ 支・河・枝・桜・幹　17〜18ページ

1 ①支配 ②支 ③大河 ④河原（川原）
　⑤枝豆 ⑥小枝 ⑦桜色 ⑧夜桜 ⑨根幹
　⑩幹
2 ①支給 ②河岸（川岸） ③桜 ④枝毛
　⑤銀河 ⑥山桜 ⑦枝道 ⑧新幹線 ⑨支出
　⑩運河 ⑪幹 ⑫支持 ⑬枝葉 ⑭桜前線
　⑮幹部

クイズ ②

3
①破る　⑥型破
②破止　⑦救助
③救力　⑧能
④可決　⑤特許

2
①本能　⑥許容
②打破　⑦許
③知能　⑧可
④許　　⑨不
⑤許　　⑩救急

1
①許容　⑥本能
②打破　⑦許
③知能　⑧可
④許　　⑨不
⑤許　　⑩可能

5
①幹・観・情・慣・似・照
②招・習
③例・側

4
①伴　②し　③まこ　④似
⑤個

3
①さ・はち　②まう　③ごる
④はろ

2
①支える　②住　③河口　④主
⑥枝道　⑦囲　⑧所属
⑤先祖　⑨山桜　⑩祖母

1
①楽団　②往　③主
⑥枝　　⑦囲　⑧所属
⑤所　　⑨桜　⑩独夫

◆クイズ
①と　②と　③う

◆アドバイス
「墓」の部首は「土（つちへん）」です。「土（つち）」は地面の土地・土の上に関係する漢字をつけます。「墓」は草花（植物）を土の上に設ける（うめる）という意味があることを表しています。

2
①祖父　②祖母様　③主
⑥家政婦　⑦仏様　⑧愛　⑨新婦人
⑪元祖　⑫妻　⑬仏教　⑭仏人
⑮夫先　⑩墓地
⑦念仏　⑧墓参　⑨家　⑩墓前
⑫妻　⑬仏　　⑪愛仏

1
①大仏　②夫　③主　④妻　⑤先祖
⑥祖母　⑦仏　⑧婦人　⑨子　⑩墓石

◆クイズ
①と　②と　③キ

◆アドバイス
「独」は、「ひとり」「自分だけ」という意味があります。「独り」とは、人数が一人のこと、「独自」とは、自分に特有なことという意味で使うとき、「独り」「独」と書きます。

3
①り　③う
②配属

2
①囲　②範囲　③個性的　④個　⑤個
⑥独立　⑦個　⑧付属　⑨個数　⑩別

1
①周囲　②配属　③所属　④団子　⑤地
⑥囲　⑦所属　⑧個　⑨金属　⑩身

◆クイズ
①と　②と

3
①解ける　⑥解散
②確かな　⑦的確
③効く　　⑧仮設
④仮　　　⑨結
⑤因　　　⑩確

2
①効　⑥要
②因　⑦原因
③正解　⑧確
④確信　⑨有効
⑤因果　⑩確面

1
①因　⑥解
②確　⑦解散
③解面　⑧因
④仮　⑨確
⑤有効　⑩確

◆アドバイス
「仮面」「仮説」「仮設」の「仮」が、「仮」の「カ」は音読みです。「仮」の訓読みは「かり」で、「仮面」「仮説」の「仮」は訓読みです。

2
①定規　⑥制度
②新規　⑦限度
③規則　⑧制限
④規則　⑨限
⑤規定　⑩禁止

1
①校規　⑥強制的
②禁物　⑦禁
③限度　⑧制
④限　　⑨規定
⑤反則　⑩禁止

◆クイズ
①く　②り　⑮禁漁区

2
①定規　⑥制度
②門限　⑦限
③新規　⑧制限
④制　　⑨原則
⑤法則　⑩規則

1
①規則　⑥強制的
②制正　⑦禁物
③規則　⑧制限
④反則　⑨限
⑤制　　⑩解禁
④規定　⑭規則

◆アドバイス
「情」「性」「志」の部首は、それぞれ「忄（りっしんべん）」「心（こころ）」です。「忄」「心」はどちらも心（こころ）、人の心の動きに関係する漢字をつくります。

◆クイズ
①と　③び
②と

3
①情け
②人格式
③情
⑨情
⑤性格

2
①習性　⑥個性
②人格　⑦志願
③愛情能　⑧志
④性格　⑨喜
⑤性　　⑩別

1
①性　　⑥個性
②格　　⑦志
③愛情体　⑧事性
④本格的　⑨喜格
⑤大喜志　⑩意志

◆アドバイス
「救」の動作を表す文（へん）の「攵（ぼくにょう・のぶん）」は、「放」「改」「散」などの漢字をつくる部首です。他は人に関係する漢字です。

◆クイズ
③

25 かくにんテスト⑤ 53〜54ページ

アドバイス①
「張」の部首の「弓（ゆみ）」は、三画で書きます。

クイズ①
⑴と③

3
⑴導く ⑹実写版
⑵編む ⑺朝刊
⑶限る ⑻短編
④出版 ⑨総版
⑤主張 ⑩先導

2
⑴夕刊 ⑹見出し
⑵限界 ⑺導火線
⑶出版 ⑻導入
④版画 ⑨週刊
⑤主導 ⑩編集

1 刊・版・限・導・編

---

24 刊・版・限・導・編 51〜52ページ

クイズ③
⑴た・ゆう と③

2
⑴紀元 ⑹学歴
⑵歴代 ⑺歴史
⑶風紀 ⑻通常
④史上 ⑨夢
⑤世紀 ⑩物語

1
⑴紀元 ⑹歴然
⑵歴史 ⑺中世
⑶正常 ⑻非常
④文学史 ⑨史料
⑤夢中 ⑩世紀

アドバイス③
「夢」は「タ（夕方）」や「夜」に関係する漢字で、部首の「夕」は三日月の形を表しています。方・外・夜・多なども、部首は「タ」となります。

---

23 歴・史・紀・常・夢 49〜50ページ

クイズ①
⑴と③

3
⑴余す ⑹減格
⑵増える ⑺余談
⑶減らす ⑻増加
④余力 ⑨減税
⑤定 ⑩余白

2
⑴価格 ⑹減少
⑵余る ⑺増減
⑶物価 ⑻増価
④増大 ⑨税関
⑤税金 ⑩軽減

アドバイス①
送りがなが増える「増える」「減る」などは判断しやすいですが、訓読みが増える「余す」「価」などは読み分けは、みが増えます。

---

22 増・減・余・価・税 47〜48ページ

1 増・減・価・余・価・税

---

28 肥・耕・師・鉱・銅 59〜60ページ

3
⑴耕す ⑹漁師
⑵肥やす ⑺耕作
④分 ⑧鉱物
⑨美容師 ⑩肥料

2
⑴漁師 ⑹教師
⑵耕地 ⑺銅
⑶鉱石 ⑻金
④鉱物 ⑨銅
⑤銅山 ⑩銅師

1
⑴肥満 ⑹肥
②肥 ⑦肥
③肥
④耕
⑤耕
肥・耕・師・鉱・銅

---

27 応・保・基・提・興 57〜58ページ

アドバイス②
「興味」は「興」と「味」どちらも「興味」「余興」「興奮」などと使うことばです。「興味」の「興」は「おもしろみ」という意味です。

クイズ②
⑴余興 ⑹確保
⑵応用 ⑺提起
⑶応答 ⑻提案
⑨保健 ⑩復興
基・保・基・提・興味

2
⑴応用 ⑹興奮
⑵提示 ⑺提示
⑶興 ⑻提示
④保 ⑨前提
⑤保健室
基本・保健・興

1 応・保・基・提・興

---

26 往・復・経・過・移 55〜56ページ

アドバイス①
「往路」は「行きの道」、「復路」は「帰りの道」という意味です。

2
⑴往路 ⑹復路
「往」は「行き」、「復」は「帰り」の意味です。

3
⑴移る ⑹往復
⑵経る ⑺経由
⑶経験 ⑻経路
④移転 ⑨移動
⑤反復 ⑩過

2
⑴往復 ⑹経生
⑵往来 ⑺往復
⑶過去 ⑻過
④移 ⑨過
⑤目 ⑩復活

1
⑴住 ⑹経
⑵経路 ⑺過
⑶移 ⑧回復
④回復 ⑨移
⑤神経
往・復・経・過・移

アドバイス③
訓読みが「わ」「やわ（らぐ）」、音読みが「ワ」「オ」の「和」は「区切りの言葉」や「言う」など人の口に関係する漢字で、中学で習います。「和」の意味を表す「句」は、部首の「口（くち）」は人の口を表しています。

4
⑴動・導 ⑹現
⑵音・告 ⑵限
⑶史 ⑷句・号
⑷句

5
可・シ・い・な
⑵か

108

29 技・術・精・製・接 61〜62ページ

1 ①技能 ②特技 ③技術 ④美術 ⑤精
⑥精算 ⑦製作 ⑧製 ⑨接近 ⑩直接

2 ①接戦 ②手術 ③競技 ④特製 ⑤芸術
⑥精力的 ⑦木製 ⑧美術 ⑨演技 ⑩応接
⑪接着 ⑫精米 ⑬精神力 ⑭球技 ⑮製品

クイズ ①と②

アドバイス
1 ⑦「製品」などを作るときは「製作」と書きます。芸術作品などを作るときに使う「制作」との区別に注意しましょう。

30 かくにんテスト⑥ 63〜64ページ

1 ①基準 ②芸術 ③復興 ④鉱山 ⑤精算
⑥復路 ⑦銅線 ⑧製品 ⑨興味 ⑩美容師

2 ①保つ ②肥やし ③経る

3 ①こうさく・たがや ②いてん・めうつ

4 ①招 ②接 ③持 ④提 ⑤技 ⑥折

5 ①応・横・任 ②価・過・可

31 統・領・条・政・境 65〜66ページ

1 ①伝統 ②統一 ③大統領 ④領土 ⑤条
⑥条例 ⑦政府 ⑧政治 ⑨国境 ⑩境目

2 ①政府 ②伝統 ③条件 ④本領 ⑤心境
⑥条約 ⑦領主 ⑧境界 ⑨逆境 ⑩統計
⑪領土 ⑫悪政 ⑬条例 ⑭統合 ⑮行政

クイズ ②

32 財・得・貧・貯・豊 67〜68ページ

1 ①財産 ②財力 ③得意 ④心得 ⑤貧
⑥貧 ⑦貯金 ⑧貯水池 ⑨豊作 ⑩豊

2 ①所得 ②豊年 ③財政 ④貯水量 ⑤得点
⑥文化財 ⑦貧 ⑧貯金箱 ⑨豊漁

3 ①豊か ②貧しい ③得る

クイズ ②と③

アドバイス
1 「財」と「貯」の部首の「貝（かいへん）」と、「貧」の部首の「貝（こがい・かい）」は、ともに「お金」や「品物」に関係した漢字をつくります。貝は昔、「お金」の役目をしたことがありました。

33 責・任・職・務・営 69〜70ページ

1 ①自責 ②責 ③責任 ④人任 ⑤職員
⑥職業 ⑦事務 ⑧務 ⑨営業 ⑩営

2 ①運営 ②任命 ③重責 ④天職 ⑤本職
⑥公務員 ⑦責 ⑧経営 ⑨辞任

3 ①務める ②営む ③任せる

クイズ ③

アドバイス
3 ①「務める」と「努める」の使い分けに注意しましょう。「努める」は一生けんめいがんばる、「務める」は役目を受けもつという意味で使います。

34 均・率・測・総・複 71〜72ページ

1 ①均等 ②平均 ③投票率 ④率 ⑤測定
⑥測 ⑦総意 ⑧総理 ⑨複 ⑩複数

2 ①能率 ②目測 ③測量 ④均等 ⑤複合
⑥総額 ⑦均一 ⑧確率 ⑨総合 ⑩観測
⑪倍率 ⑫重複

3 ①測る ②率いる

クイズ ③

アドバイス
2 「複」と「復」の使い分けに注意しましょう。「複」は「かさなる・二つ以上ある」、「復」は「かえる・ふたたび」という意味の漢字です。

35 布・型・絶・綿・織 73〜74ページ

1 ①毛布 ②布 ③典型 ④型紙 ⑤気絶
⑥絶 ⑦綿毛 ⑧綿雲 ⑨組織 ⑩織

2 ①型 ②配布 ③綿 ④絶対 ⑤手織
⑥分布 ⑦血液型 ⑧綿花 ⑨布地 ⑩組織
⑪絶好 ⑫原型

3 ①織る ②絶やす

クイズ ①と③

アドバイス
2 ①⑦⑫「型」は、「わく・手本・形式」の意味をもちます。すがたやようすを表す「形」と使い分けられるようにしましょう。

39 貿・易・留・際・輸　81〜82ページ

アドバイス
「貿」と「借（か）りる」の漢字を混同しないよう注意しましょう。

クイズ　② と ③

2
①貿易　②国際貿易　③貿易風　④支易　⑤留守
⑥交際　⑦国際貿易　⑧貿港　⑨留意　⑩運止

1
①支際　②貿留　③国際貿易　④輸易　⑤留守
⑥交際　⑦保留　⑧貿港　⑨留意　⑩輸入止

38 損・益・費・資　79〜80ページ

アドバイス
「造」と同じように、「資」は大きなものについて使えます。

クイズ　①

3
①益虫　②資格　③損得　④費用　⑤消費
⑥益虫　⑦会費　⑧資費　⑨損益　⑩資金

2
①損害　②損得　③利益　④無益　⑤損益
⑥益虫　⑦資料　⑧有益　⑨損益　⑩学費

1
①損害　②損得　③破損　④旅費　⑤益鳥

37 構・造・舎・設・築　77〜78ページ

アドバイス
「舎」は「人（ひとやね）」の居る建物、「構」は「木（きへん）」で、人にかかわる意味の部首の漢字です。同じ「（か）ける」でも、「構える」と「設ける」で使う漢字は同じですが、意味がちがいます。

クイズ　①

3
①造船　②構え　③設計
⑥造築　⑦牛舎　⑧築　⑨構

2
①構想　②建設　③駅舎　④造花　⑤校舎
⑥新築　⑦宿舎　⑧設立　⑨設　⑩改築

1
①構築　②構造　③結構　④造　⑤造

5
①復　②情　③条　④総　⑤織

4
①統　②約　③絹　④綿　⑤総

36 かくにんテスト⑦　75〜76ページ

アドバイス
「易」と「貿」、「留」の上の部分は同じ。「易」は「エキ」と「イ」の二つの音読みがある。意味によって使い分けて使う。「貿易」の「エキ」、「平易」の「イ」など、意味によって使い分ける。

クイズ　③

3
①空輸　②易者
①留守　②易し

5
①象　②造　③　⑥益

4
①費　②造　③資　④資　⑤資　⑥資

3
①こく　②かま　⑤いき

2
①いきおい　②ぞう　③らく　へ

1
①公布　②比率　③責任　④本領　⑤貯金
⑥取得　⑦職務　⑧予測　⑨財政　⑩均整

42 かくにんテスト⑧　87〜88ページ

アドバイス
「形勢」の「勢」は、同じ読みで同じ意味の「成」の形とにているので、書き分けられるよう注意しましょう。「形」の読みにも注意しましょう。「形（な）り」を「勢（な）す」という現象があげられる。

クイズ　① と ③

2
①停留所　②省略　③略画　④略語　⑤対象
⑥調象　⑦計略　⑧勢力　⑨想像　⑩略
⑪停戦　⑫印象　⑬形勢　⑭勢　⑮対象形

1
①停車　②印象　③略　④略　⑤図
⑥停　⑦停電　⑧勢　⑨現象　⑩仏像
⑪停戦　⑫像　⑬想像　⑭像　⑮大勢

41 停・略・勢・象・像　85〜86ページ

クイズ　③

2
①停留　②印象　③略画　④略語　⑤現象
⑥調象　⑦計略　⑧勢力　⑨想　⑩略
⑪停戦　⑫印象　⑬形勢　⑭勢　⑮対象

1
①停車　②停電　③略　④略　⑤略図

40 状・態・険・適・潔　83〜84ページ

アドバイス
「適」の音読みは「テキ」、「潔」の音読みは「ケツ」など、意味によって使い分けて使えるように、意味と読み方を覚えておきましょう。「よい」を表す「態」、「よい」を表す「潔」など。

クイズ　③

2
①手賀状　②礼状　③実態　④潔　⑤険悪
⑥手状　⑦適当　⑧清潔　⑨潔　⑩不険要
⑪保険　⑫険当　⑬容態　⑭態度　⑮険

1
①手賀状　②礼状　③実態　④潔
⑤険　⑥険　⑦適中　⑧生態　⑨失態
⑩保険　⑪険当　⑫検査　⑬清潔　⑭費状
⑮適切

2
①状態　②態　③失態　④状態
⑤駅舎　⑥損　⑦最適　⑧欠損　⑨輸送
⑩新築停戦

1
①実際　⑥清潔　②戦略　③状態　④駅舎
⑤輸送

5
①象・造・（　）と・へ・とく
①益　②液　③貿　④貿　⑤資　⑥貿

4
①書　②造　③資　④資　⑤資　⑥資

3
①こく　②かま　③いき

2
①いきおい　②ぞう　③らく

43 賞・賛・快・評・義 89〜90ページ

1 ①賞品 ②入賞 ③賛同 ④賛美歌 ⑤快調 ⑥快 ⑦評価 ⑧不評 ⑨義務 ⑩正義

2 ①品評 ②賛成 ③賞金 ④主義 ⑤好評 ⑥全快 ⑦賛美 ⑧評判 ⑨義理 ⑩受賞 ⑪快 ⑫有意義 ⑬賞味 ⑭軽快 ⑮絶賛

クイズ ③

44 素・質・厚・雑・酸 91〜92ページ

1 ①色素 ②炭素 ③物質 ④本質 ⑤厚手 ⑥分厚 ⑦雑兵 ⑧雑 ⑨酸化 ⑩酸味

2 ①厚着 ②質問 ③炭酸 ④要素 ⑤厚 ⑥混雑 ⑦酸素 ⑧体質 ⑨雑木林 ⑩塩酸 ⑪厚紙 ⑫複雑 ⑬酸性 ⑭性質 ⑮素質

クイズ ③

アドバイス

1「厚い」は、同じ訓読みの「熱い」や「暑い」と使い分けられるように意味のちがいを理解しておきましょう。

45 脈・眼・採・飼・額 93〜94ページ

1 ①山脈 ②動脈 ③肉眼 ④眼鏡 ⑤採用 ⑥採 ⑦飼育 ⑧飼 ⑨少額 ⑩額

2 ①採点 ②眼下 ③金額 ④飼料 ⑤葉脈 ⑥額 ⑦方眼紙 ⑧飼 ⑨半額 ⑩採集 ⑪眼科 ⑫鉱脈

3 ①飼う ②採る

クイズ ②と③

アドバイス

1④「眼鏡」は「がんきょう」とも読みます。

46 防・災・護・衛・燃 95〜96ページ

1 ①予防 ②防 ③災害 ④防災 ⑤弁護士 ⑥保護 ⑦自衛 ⑧衛星 ⑨不燃物 ⑩燃

2 ①天災 ②衛生 ③防風林 ④可燃性 ⑤守衛 ⑥護岸 ⑦燃 ⑧消防 ⑨護身術 ⑩燃料 ⑪火災 ⑫防衛

3 ①燃やす ②防ぐ

クイズ ①と②

アドバイス

1「護」と「衛」はともに「守る」という意味を表します。

47 修・授・講・績・識 97〜98ページ

1 ①修正 ②修復 ③授業 ④伝授 ⑤講演 ⑥講義 ⑦成績 ⑧功績 ⑨常識 ⑩識別

2 ①教授 ②修理 ③業績 ④知識 ⑤修 ⑥授業 ⑦講堂 ⑧面識 ⑨修学 ⑩講習 ⑪実績 ⑫意識 ⑬必修 ⑭授賞式 ⑮講師

クイズ ①

48 かくにんテスト⑨ 99〜100ページ

1 ①講義 ②賞金 ③教授 ④防衛 ⑤厚紙 ⑥眼下 ⑦複雑 ⑧質素 ⑨成績 ⑩水脈

2 ①飼う ②燃える ③修める

3 ①そうがく・ひたい ②こいちょう・かんちょう

4 ①謝 ②護 ③設 ④識 ⑤評 ⑥証

5 ①酸・散・賛 ②際・災・採

49 まとめテスト① 101〜102ページ

1 ①⑦停 ①提 ②⑦素 ①祖 ③⑦貴 ①績 ④⑦比 ①肥 ⑤⑦居 ①許 ⑥⑦布 ①婦

2 ①キ ②頁 ③彡 ④扌 ⑤貝 ⑥イ ⑦リ ⑧口

3 ①⑦意志 ①医師 ②⑦指示 ①支持 ③⑦仮定 ①過程 ④⑦賛成 ①酸性

4 ①旧 ②損 ③復 ④減 ⑤授 ⑥妻

50 まとめテスト② 103〜104ページ

1 ①⑦営 ①永 ⑦衛 ②⑦暴 ①貿 ⑦防 ③⑦版 ①犯 ⑦判 ④⑦招 ①象 ⑦証

2 寄付・応接・清潔・報告・豊富・省略・基準・資質 (順不同)

3 ①8 ②11 ③10 ④9 ⑤14 ⑥13

4 ①⑦測 ①則 ②⑦講 ①構 ③⑦検 ①険 ⑦験 ④⑦識 ①織 ⑦職

5 ①貴 ②賞 ③貯 ④救 ⑤非常 ⑥液型

索引（音読み・訓読みの五十音順）

ア
圧 11 ／ 移 19 ／ 囲 91 ／ 因 55 ／ 永 29 ／ 営 55 ／ 衛 69 ／ 易 95 ／ 益 81 ／ 液 79 ／ 演 39 ／ 応 17 ／ 往 57 ／ 厚 57

カ
可 25 ／ 仮 29 ／ 価 47 ／ 河 17 ／ 過 55 ／ 快 89 ／ 解 29 ／ 格 27 ／ 確 29 ／ 額 93 ／ 貫 79 ／ 刊 51 ／ 幹 17 ／ 慣 15 ／ 眼 93 ／ 紀 49
基 57 ／ 寄 41 ／ 規 31 ／ 技 89 ／ 義 61 ／ 逆 5 ／ 久 41 ／ 旧 5 ／ 救 25 ／ 居 15 ／ 許 25 ／ 境 25 ／ 均 65 ／ 句 35 ／ 禁 71 ／ 型 35
経 55 ／ 潔 83 ／ 件 9 ／ 券 83 ／ 検 37 ／ 険 9 ／ 現 35 ／ 減 47 ／ 限 37 ／ 個 9 ／ 故 47 ／ 護 9 ／ 効 95 ／ 耕 29 ／ 航 59 ／ 鉱 97
構 41 ／ 興 61 ／ 講 97 ／ 混 41 ／ 告 7 ／ 厚 57

サ
再 37 ／ 災 5 ／ 妻 93 ／ 採 21 ／ 際 93 ／ 財 67 ／ 罪 9 ／ 桜 15 ／ 雑 11 ／ 酸 91 ／ 賛 89 ／ 殺 11 ／ 雑 65 ／ 志 49 ／ 支 17 ／ 史 11
士 89 ／ 資 59 ／ 飼 79 ／ 示 93 ／ 師 27 ／ 志 49 ／ 質 91 ／ 識 73 ／ 織 7 ／ 謝 77 ／ 舎 77 ／ 賞 91 ／ 修 45 ／ 述 97 ／ 授 97
証 15 ／ 招 7 ／ 序 39 ／ 準 61 ／ 象 37 ／ 賞 85 ／ 状 65 ／ 常 83 ／ 情 49 ／ 制 69 ／ 性 31 ／ 政 27 ／ 勢 65 ／ 精 85 ／ 製 61 ／ 税 61
責 69 ／ 績 97 ／ 接 61 ／ 設 77 ／ 絶 73 ／ 祖 21 ／ 素 91 ／ 総 71 ／ 造 77 ／ 像 85 ／ 増 47 ／ 則 31 ／ 測 71 ／ 属 19 ／ 損 79

タ
態 67 ／ 団 83 ／ 断 19 ／ 築 37 ／ 貯 77 ／ 張 67 ／ 停 85 ／ 提 57 ／ 程 41 ／ 適 83 ／ 統 65 ／ 堂 45 ／ 銅 59 ／ 導 51 ／ 得 67 ／ 毒 45
独 19

ナ
似 47 ／ 任 15 ／ 燃 69 ／ 能 95 ／ 25

ハ
破 25 ／ 犯 9 ／ 判 37 ／ 版 51 ／ 非 59 ／ 肥 39 ／ 比 37 ／ 備 9 ／ 評 79 ／ 費 89 ／ 37 ／ 9
貧 67 ／ 布 67 ／ 婦 73 ／ 複 55 ／ 仏 71 ／ 粉 21 ／ 編 45 ／ 弁 51 ／ 保 7 ／ 報 57 ／ 墓 21 ／ 防 35 ／ 貿 67 ／ 豊 95 ／ 暴 81

マ
迷 41 ／ 脈 93 ／ 務 69 ／ 夢 49 ／ 綿 73

ヤ
輸 81 ／ 余 47 ／ 容 7

ラ
率 71 ／ 略 85 ／ 留 85 ／ 領 81 ／ 歴 49 ／ 65